WANDEL DER RECHTSBEGRÜNDUNGEN
IN DER GESELLSCHAFTSGESCHICHTE
DES ANTIKEN ISRAEL

STUDIA BIBLICA

EDITED BY

A. SCHOORS

WITH THE ASSISTANCE OF

F. BOVON • A. A. DI LELLA • L. PERLITT • G. N. STANTON

VOLUME III

WANDEL DER RECHTSBEGRÜNDUNGEN IN DER GESELLSCHAFTSGESCHICHTE DES ANTIKEN ISRAEL

Eine Rechtsgeschichte des ,,Bundesbuches''
Ex XX 22 - XXIII 13

VON

ECKART OTTO

E.J. BRILL
LEIDEN · NEW YORK · KØBENHAVN · KÖLN
1988

Manuscripts for publication in the series should be addressed to
Prof. A. Schoors, Dunberg 50, B-3212 Lubbeek, Belgium.
or to one of the members of the Editorial Board:
Prof. F. Bovon, Faculté autonome de Théologie Protestante, Place de l'Université 3, CH-1211 Genève 4, Switzerland.
Prof. A. A. Di Lella, The Catholic University of America, Department of Biblical Studies, Washington, DC 20064, U.S.A.
Prof. L. Perlitt, Wilhelm Weberstrasse 40, D-3400 Göttingen, B.R.D.
Prof. G. N. Stanton, King's College, Strand, London WC2R 2LS, England.

Subscriptions may be sent to E. J. Brill, P.O.B. 9000, 2300 PA Leiden, The Netherlands.

Library of Congress Cataloging-in-Publication Data

Otto, Eckart.
  Wandel der Rechtsbegründungen in der Gesellschaftsgeschichte des antiken Israel: eine Rechtsgeschichte des ,,Bundesbuches'' Ex XX 22-XXIII 13/von Eckart Otto
      p.   cm. — (Studia Biblica; v. 3)
  ISBN 90-04-08346-4 (pbk.)
  1. Bible. OT. Exodus XX, 22-XXIII, 13—Criticism, interpretation, etc.   2. Law (Theology)—Biblical teaching.
  I. Title.   II. Series.
  BS1245.2.O77   1987
  222'.1206—dc19   87-21829
                                                                                   CIP

ISSN 0169-9954
ISBN 90 04 08346 4

© *Copyright 1988 by E. J. Brill, Leiden, The Netherlands*

All rights reserved. No part of this book may be reproduced or translated in any form, by print, photoprint, microfilm, microfiche or any other means without written permission from the publisher

PRINTED IN THE NETHERLANDS BY E. J. BRILL

*Recht ist das Leben der Menschen selbst
von einer besonderen Seite angesehen*

FRIEDRICH CARL VON SAVIGNY

INHALT

1.	Thema und These	1
2.	Die literarische Nachgeschichte des Bundesbuches in der Sinaiüberlieferung	4
3.	Redaktionelle Strukturen im Bundesbuch (Ex XXI 2-XXIII 12)	9
4.	Die Rechtssammlung Ex XXI 2-XXII 26	12
4.1	Die *j^ešallem*-Gesetze in Ex XXI 33-XXII 14	12
4.1.1	Strukturanalyse der Sammlung der *j^ešallem*-Gesetze	12
4.1.2	Überlieferungsgeschichtliche Analysen zur Sammlung der *j^ešallem*-Gesetze	14
4.1.2.1	Die Sammlung des Depositenrechts in Ex XXII 6-14	14
4.1.2.2	Die Diebstahlsgesetze in Ex XXI 37-XXII 3	19
4.1.2.3	Die Flurschädigungsgesetze in Ex XXII 4.5	22
4.1.3	Rechtshistorische Entwicklungen in der Sammlung der *j^ešallem*-Gesetze	22
4.2	Die Sammlung der Körperverletzungsfälle (Ex XXI 18-32)	24
4.2.1	Strukturanalyse der Sammlung Ex XXI 18-32	24
4.2.2	Überlieferungsgeschichtliche Analyse zu Ex XXI 18-32	28
4.2.3	Rechtshistorische Entwicklungen in der Sammlung der Körperverletzungsfälle	30
4.3	Die Sammlung der apodiktischen Gesetze in Ex XXI 12-17 und Ex XXII 17-19a	31
4.3.1	Strukturanalyse zu Ex XXI 12-17 und Ex XXII 17-19a	31
4.3.2	Überlieferungsgeschichtliche Analyse zu Ex XXI 12-17	32
4.4	Die Sammlung des Sklavenrechts in Ex XXI 2-11	34
4.4.1	Strukturanalyse der Sammlung Ex XXI 2-11	34
4.4.2	Überlieferungsgeschichtliche Analyse zur Sammlung Ex XXI 2-11	35
4.5	Die sozialen Schutzbestimmungen in Ex XXII 20-26*	38
4.6	Die Redaktion der Rechtssammlung Ex XXI 2-XXII 26	40
5.	Die Rechtssammlung Ex XXII 28-XXIII 12	45
5.1	Die Gebote der Aussonderung für JHWH (Ex XXII 28f.; XXIII 10-12) als theologische Rechtsbegründungen	45
5.2	Die Prozeßrechtssammlung Ex XXIII 1-3. 6-8	47
5.3	Die Redaktion der Sammlung Ex XXII 28-XXIII 12	49

6.	Die Redaktion der Sammlung Ex XX 24-26; XXI 2-XXIII 12	52
6.1	Die Redaktion von Ex XXI 2-XXIII 12	52
6.2	Die Verbindung des Altargesetzes Ex XX 24-26 mit den Rechtsüberlieferungen des Bundesbuches	54
7.	Die Rechtsüberlieferungen des Bundesbuches im Horizont der deuteronomistischen Theologie	57
8.	Rechtsgeschichte im Bundesbuch	61
8.1	Die Ausdifferenzierung unterschiedlicher Funktionen in kasuistischem und apodiktischem Recht	61
8.2	Systematisierungen und Rationalisierungen unterschiedlicher Rechte	66
8.3	Die Theologisierung des Rechts im Bundesbuch	69
9.	Ausblick: Rechtsbegründung und Theologie in moderner Gesellschaft	76
Anmerkungen		80
Literaturverzeichnis		97
Register		106

1. THEMA UND THESE

Diese Rechtsgeschichte will vermittelt mit überlieferungsgeschichtlichen und redaktionsgeschichtlichen Analysen des Bundesbuches einen Abschnitt der Entwicklung israelitischen Rechts in seiner Bindung an Gesellschaftsentwicklung und Religionsgeschichte verdeutlichen.

Sie arbeitet damit an einem Problemkreis, der in der modernen demokratischen Gesellschaft wiederkehrt als Frage nach der Wertbindung legislativer und judikativer Entscheidungen. Was legitimiert das Recht als Recht über die legislative Verfassungsgemäßheit hinaus? Der Gesetzgeber selbst verweist auf die Bindung von Recht an die der Gesellschaft eingebundene Sittlichkeit. So hat er praktisch das gesamte Privatrecht unter das Gebot von „Treu und Glauben" (§ 242 BGB) und der „guten Sitten" (§§ 138, 826 BGB, § 1 UWG) gestellt. Das „Anstandsgefühl aller billig und gerecht Denkenden" (RGZ 80, 221) soll Beurteilungsmaßstab aller privatrechtlichen Beziehungen sein. Gleichermaßen nimmt das Strafrecht für sich in Anspruch, in seinem klassischen Bestand auf Sitte und Sittlichkeit zu fußen nach dem Grundsatz des Gratianischen Dekrets des Corpus iuris (C.3 D.4) „*leges sine moribus vanae*". Doch in einer zunehmend wertpluralen Gesellschaft droht das Postulat der gesamtgesellschaftlich verbindlichen Sittlichkeit als Fundament des Rechts an Bedeutung zu verlieren. Die Rechtssprechung des Bundesverfassungsgerichts will dem mit der Interpretation des Grundgesetzes der Bundesrepublik Deutschland als „wertgebundener Ordnung" (BVerfGE 2, 12) und „logisch-teleologischem Sinngebilde" (BVerfGE 19, 220), der Grundrechte als Einheit eines „grundlegenden Wertsystems" (BVerfGE 30, 193; 32, 108; 33, 29) entgegentreten.[1] Der Verweis auf das Grundgesetz als Legitimationsinstanz von Recht ruft aber noch einmal mehr die Frage nach den Grundsätzen der Rechtsbegründung einschließlich des Grundgesetzes und der möglichen metarechtlichen und also auch theologischen Implikationen materialer Rechtsbegründung auf, die über die formale Begründung im parlamentarischen Gesetzgebungsakt hinausgehen.[2] In der Theologie reformatorischer Kirchen kehrt gerade gegenwärtig in den Konfliktfeldern der Industriegesellschaften die Frage nach dem Gesetz als Frage nach dem legitimen *usus legis* in der Dialektik von Gesetz und Evangelium wieder.[3] Wie sind in einer wertpluralen Gesellschaft religiös begründete Handlungsanweisungen und eine der Theologie opake Eigengesetzlichkeit des Politischen in ihrer jeweiligen Notwendigkeit kritisch gegeneinander zur Sprache zu bringen und in den gegenseitig zu bestimmenden Grenzen sichtbar zu machen?

Diese Studie zur Rechtsgeschichte des Bundesbuches sucht die rechtshistorischen und theologiegeschichtlichen Anfänge der heute drängenden Begründungsprobleme in Recht und Ethik auf. Sie will damit exegetischer Beitrag zur Klärung des Gesetzesbegriffes in der Theologie, aber darüber hinaus auch der Legitimationsthematik des Rechts in moderner Gesellschaft sein.

Die durch die Analyse im Einzelerweis einzuholende Grundthese stelle ich der Arbeit voran: Israelitische Rechtsgeschichte beginnt mit einer Mehrzahl sich überlagernder Rechtskreise, die der Schichtung der Gesellschaft und ihrer Institutionen in Familie, Sippe bzw. Ortsgemeinschaft und Kultinstitution folgen. Sanktionsrecht als Grenzrecht der Familie wird überlagert von einem intergentalen Konfliktregelungsrecht und dem Sakralrecht. Mit zunehmender Komplexität staatlicher Gesellschaft und ihrer wirtschaftlichen Entwicklung nimmt die Zahl der Fälle zu, in denen Rechtsfragen strittig werden. Es entwickelt sich eine Tendenz zur Bindung von Recht aus familiarem Rechtskreis an Gerichtsinstitutionen sowie zur Institutionalisierung von differenzierten Verfahren und also zur Ausbildung differenzierter Rechte. Die lokale Gerichtsinstitution übernimmt diese Funktion, zieht Rechtsfunktionen der Familie einschließlich der Sanktionsfunktion an sich und entwickelt über das mit der Ortsgerichtsbarkeit ursprünglich verbundene Konfliktregelungsrecht hinaus ein eigenständiges Strafrecht, Prozeßrecht und soziales Schutzrecht für die Schwachen in der Gesellschaft. Sind diese Rechte in ihrer Funktion für die Gesellschaft begründet, so vermag diese Begründung immer weniger zu tragen, wenn die staatliche Gesellschaft im sozialen Differenzierungsprozeß immer heterogener wird und die Solidarität mit den Schwächsten in der Gesellschaft immer weniger mit sozialer Identität begründet werden kann. An den sozialen Bruchlinien israelitischer Gesellschaft, die eine Begründung von Recht aus dem empirisch Gegebenen der Gesellschaft nicht mehr leisten kann, setzt eine zunächst dezidiert armentheologisch intendierte Theologisierung der sozialen Schutzrechte ein, die aber, ist erst einmal eine Verbindung zwischen nichtsakralem Recht und Gottesbegriff hergestellt, sehr schnell darüber hinausgreift. Die Theologisierung von Recht entwickelt eine die Rechtsgeschichte Israels zunehmend gestaltende Dynamik, die sich aus der Universalität des Herrschaftsanspruches JHWHs auf die Gesamtheit der Lebenswelt Israels speist. Die profanen Rechte werden insgesamt theologisch begründet und auf JHWH als einzige Rechtsquelle zurückgeführt. Das Sakralrecht greift über seine soziale Interpretation auf die Alltagswelt Israels aus. Nichttheologisches Recht differenziert sich also nicht in einem Säkularisierungsprozeß aus einem sakralen Recht aus. Vielmehr wird JHWH als der erkennbar, der zunehmend die gesamte Lebenswelt

Israels der pragmatischen Gestaltung nach seinem Willen unterwirft. Die dtr Interpretation des Bundesbuches ist ein Höhepunkt in dieser Entwicklung. Darin leuchtet der Zusammenhang von Transzendenz dieses Gottes und seiner Kraft zur Integration alltäglich-empirischer Lebenswelt auf.

2. DIE LITERARISCHE NACHGESCHICHTE DES BUNDESBUCHES IN DER SINAIÜBERLIEFERUNG

Das Bundesbuch wurde in die Sinaiüberlieferung im Zuge ihrer dtr Überarbeitung eingefügt und selbst einer tiefgreifenden Bearbeitung und theologischen Interpretation unterzogen.

Bereits J. Wellhausen[4] hat Ex XX 23; XXII 20b.21.23.24b; XXIII 9b.13 als eine pluralische Überarbeitungsschicht im Bundesbuch abgehoben, deren Nähe zu ,,deuteronomischer" Theologie unverkennbar sei. Diese These blieb für die weitere literarkritische Arbeit am Bundesbuch bestimmend. B. Baentsch[5] hat über J. Wellhausen hinaus Ex XX 22; XXIII 4.5.9 der dtr Redaktion zugewiesen. M. Noth[6] hat Ex XX 22-26; XXII 20a*b.22.23.24b; XXIII 9b.13 als Zusätze zum Bundesbuch ausgesondert, ohne sie überlieferungsgeschichtlich näher einzuordnen. Eine entscheidende Differenzierung in der Analyse der Überarbeitungsschichten des Bundesbuches hat jüngst F.-L. Hoßfeld[7] vorgelegt. Er unterscheidet zwischen einer dtr Überarbeitungsschicht in Ex XX 22aα; XXI 1 und einer der Priesterschrift nahe stehenden ,,priesterlichen" Überarbeitung in Ex XX 22aβb.23; XXII 30; XXIII 13. Ex XX 22aα sei die bei der dtr Einarbeitung des Bundesbuches in die Sinaiperikope vorangestellte Einleitung, die das Bundesbuch mit dem vorangehenden Kontext in Ex XX 21 verbinde. Eine priesterliche Überarbeitung habe in Ex XX 22aβb diese Einleitung ausgebaut und so eine Verbindung mit dem erst im Zuge dieser Redaktion in die Sinaiperikope eingestellten Dekalog hergestellt. Doch gewinnt m.E. die priesterliche Bearbeitungsschicht kein ausreichendes Profil neben einer dtr Bearbeitung. Die Stellung von Ex XXI 1 zwischen Altar- und Sklavengesetzen erklärt sich überzeugend aus dtr Intention, das anstößig gewordene Altargesetz zu isolieren. Ex XXI 1 und Ex XX 22b[8] knüpfen gemeinsam an Ex XIX 3b-9* und Dtn IV[9] an [10]. Ex XX 22bα *attaem re*itaem* nimmt in dtr Phraseologie[11] Ex XIX 4aα auf. Ex XX 22bβ verbindet damit an Dtn IV 36 anknüpfend die Vorstellung der JHWH-Offenbarung vom Himmel[12]. Von Dtn IV fällt auch Licht auf das auf Ex XX 23 folgende Bilderverbot. F.-L. Hoßfeld[13] hat auch in diesem Vers die ,,priesterliche" Überarbeitung am Werk gesehen. In Thema, Numerus und Aufbau habe Ex XX 23 eine naheliegende Parallele in Lev XIX 4; XXVI 1a. Doch ist Lev XIX 4a mit der Kombination von Vetitiv und Prohibitiv anders als Ex XX 23 aufgebaut und weicht auch terminologisch ab[14]. Ähnliches gilt für den überladenen Vers Lev XXVI 1a. Die Übereinstimmung reduziert sich auf den für die Bilderverbotsthematik üblichen Prohibitiv *lo* *taʿaśû(n)*. Die dtr Prägung von Ex XX 23 ist um so deutlicher. Der elliptische Vordersatz Ex XX 23a ist mit Dtn XII 4 zu vergleichen. Die Verbindung von Fremdgötter- und Bilderverbot ist charakteristisch für die dtr Dekalogredaktion. C. Dohmen[15] hat in seiner jüngst vorgelegten Analyse von Ex XX 23 in V. 23a eine dtr Ergänzung eines alten Prohibitivs in Ex XX 23b. 24aα sehen wollen. Dieser Prohibitiv habe in halbnomadischer Religion von Menschen hergestellte Götterrepräsentationen im Gegensatz zu natürlichen ablehnen wollen. Dann aber muß postuliert werden, Ex XX 23b sei ursprünglich singularisch formuliert und Ex XX 24aα handle nicht von einer spezifischen Altarform, sondern wolle festlegen, daß, wo geopfert werde, es Erde geben solle. Ex XX 25f. müßte also Ex XX 24 recht falsch verstanden haben. Vor allem ist unerklärlich, warum Ex XX 23b bei ähnlicher Formulierung so völlig andere Intention als das Bilderverbot in Ex XXXIV 17 haben sollte. Die Nähe von Ex XX 23b zu Ex XXXII 31bβ (dtr) deutet eher darauf hin, daß Ex XX 23b, das Bilderverbot in der Differenzierung von *ʾaelohê mässekā* zu *ʾaelohê kaesaep weʾaelohê zahab*, durch Einbringung der mit *kaesaep wezahab* gebildeten Götzenbezeichnung (s. Dtn VII 25; XXIX 16 u.ö.) dtr neu formuliert wurde. Die Verbindung von Ex XX 22b, des Motivs des vom Himmel herab sprechenden Gottes mit dem Bilderverbot erklärt sich aus der Verknüpfung mit Dtn IV, ist doch diese Motivverbindung in Dtn IV 10-12.15.16-18.23.25-27 prägend. So bleibt für eine „priesterliche" Redaktion, die sich von einer dtr Überarbeitung abheben lasse, kein Raum.[16]

Dtr Überarbeitung des Bundesbuches wird nach der Einleitung wieder in Ex XXII 19b. 20-24 erkennbar. Ex XXII 19b *zobeaḥ biltî leJHWH lebăddô* hat die nächste Parallele in 1 Sam VII 4 (DtrN). Die pluralische Begründung *kî gerîm haejîtaem beʾaeraeṣ miṣrajim* (Ex XXII 20b) des singularischen Bedrückungsverbots in Ex XXII 20a hat nur in dem zur dtr Pluralschicht gehörenden Vers Dtn X 19 eine wörtliche Parallele. Dtn X 19 nimmt bereits Dtn XXIII 8 *kî ger hajîta beʾ arṣô* umformulierend auf[17] und wird in Lev XIX 34 zitiert.[18] Ex XXII 21 (plur.) drängt sich zwischen Ex XXII 20a.22 und will auf dem Hintergrund der Schutzbestimmungen für Witwen, Waisen und Fremdlinge in Dtn X 18; XIV 29; XVI 11.14; XXIV 17[19]. 19-22; XXVI 12f.; XXVII 19[20] gehört werden. Ex XXII 23 (plur.) knüpft an Ex XXII 21 an, nicht aber an Ex XXII 22 und ist dtr geprägt.[21] Ex XXII 24b (plur.) ist schließlich Zusatz, der das Zinsverbot (Ps XV 5)[22]; Dtn XXIII 20f. in den pfandrechtlichen Kontext von Ex XXII 24a.25.26abα einträgt.[23]

Ex XXIII 9 ist mit Ex XXII 20 verknüpft worden. Ex XXIII 9bβ nimmt Ex XXII 20b auf. Der Prohibitiv *weger loʾ tilḥaṣ* (Ex XXIII 9a) bildet in Ex XXII 20aβ eine Dublette zu *weger loʾ tônāē* und dürfte hier wie dort der Verknüpfung dienen, die auf dtr Überarbeitung zurückzuführen ist. Das Lexem *lḥṣ* ist fest im dtr Retterschema (Ri II 18; IV 3; VI 9; X 12; vgl. 2 Kön XIII 4; Ps CVI 42; Jer XXX 20)[24] verankert und wird in Dtn XXVI 7b[25]; 1 Sam X 18 dtr in die Exodusthematik eingebracht. Dies ist der Hintergrund für Ex XXII 20aβ und Ex XXIII 9a.[26] Das über Ex XXII 20b hinausgehende Begründungsmotiv *weʾattaem jedāʿtaem ʾaet naepaeš hăgger* dient, wie J. Halbe[27] ansprechend vermutet hat, der Verknüpfung von Ex XXIII 9 mit der Begründung des Ruhetagsgebots in Ex XXIII 12b.

Auch Ex XXII 30 und Ex XXIII 13 haben Verklammerungsfunktion. J. Halbe[28] hat die Identität der Handschrift dieser Verse aufgezeigt. Einer prinzipiellen Vermahnung (Ex XXII 30a/XXIII 13a) folgt jeweils ein Prohibitiv (Ex XXII 30bα/XXIII 13bα), der in einer Schlußwendung (Ex XXII 30bβ/Ex XXIII 13bβ) unterstrichen wird. Ex XXIII 13 knüpft darüber hinaus an Ex XX 22b. 23a[29] an und expliziert das dort in das Bilderverbot eingearbeitete Fremdgötterverbot. Ex XXIII 13bα nimmt Ex XX 24bα auf. F.-L. Hoßfeld[30] hat in der Konsequenz seiner Zuweisung von Ex XX 22f. auch Ex XXII 30; XXIII 13 der priesterlichen Redaktionsschicht zugewiesen. Doch ist Ex XXIII 13 eher von dtr Sprachgestalt. Ex XXIII 13bα *wešem ʾelohîm ʾaḥerîm loʾ tăzkîru* hat die nächste Parallele in Jos XXIII 7bα *ubešem ʾelohêhaem loʾ tăzkîru* (DtrN)[31]. Ex XXII 30 steht Dtn XIV 21 näher als Lev XVII 15. Das Motiv der Heiligkeit hat im Gegensatz zu Dtn XIV 21 keine Parallele in Lev XVII 15. Auch die Prohibitivformulierung verbindet Ex XXII 30 mit Dtn XIV 21, nicht aber mit Lev XVII 15. Umgekehrt hat das Motiv der bis zum Abend reichenden Unreinheit in Lev XVII 15 keine Entsprechung in Ex XXII 30. Mit Lev XVII 15 verbindet nur, daß die Ausnahmeregelungen für Fremdling und Ausländer (Dtn XIV 21) in Ex XXII 30 und Lev XVII 15 nicht übernommen wurden. Ex XXII 30 und Lev XVII 15 sind voneinander unabhängige Weiterentwicklungen von Dtn XIV 21. Dieser Befund widerspricht der Zuweisung von Ex XXII 30; XXIII 13 zu einer nachdtr, priesterlichen Redaktionsschicht.[32] Das Bundesbuch ist also in Ex XX 22. 23; XXI 1; XXII 19b. 20aβb. 21. 23. 24b. 30; XXIII 9. 13 in einer Pluralschicht dtr überarbeitet worden. Durch Ex XX 22f.; XXIII 13[33] wird das Bundesbuch in die Sinaiperikope eingearbeitet, gerahmt und durch eine Verknüpfung von Fremdgötter- und Bilderverbot theologisch interpretiert.

Von dieser Redaktionsschicht fällt auch Licht auf J. Halbes[34] akribisch durchgeführten Versuch, von der These eines das frühe Israel konstituierenden Privilegrechts ausgehend die Vorgeschichte des Bundesbuches zu rekonstruieren: Die Endgestalt des Bundesbuches habe ihre Achse in dem überladenen und schwerfälligen Vers Ex XXII 19, auf den hin nach Ex XX 22-26 die durch Ex XXI 1 eingeleiteten Sklavengesetze (Ex XXI

2-11) und die durch Ex XXI 12-17; XXII 17-19 gerahmten *mišpaṭîm*, von dem ausgehend eine durch Ex XXII 20; XXIII 9 gerahmte ger-Sammlung und eine Sabbat-Sammlung (Ex XXIII 10-13) orientiert seien. Ex XXIII 13 schließe die Sabbatgebote ab und leite zu den anschließenden Sakralgeboten in Ex XXIII 14-19 über. Diese Struktur sei durch die Integration von Ex XXI 1-XXII 19 in einen ,,Grundzusammenhang'' (Ex XX 22-26; XXII 20aα. 22b. 24-30; XXIII 1-7 [8]. 10-12a. 13. 14-19), der eine ,,Gliederungsachse'' in Ex XXII 30; XXIII 13 habe, gestaltet worden. Auf diese Achse hin seien die ,,sozialen Weisungen'' (Ex XXII 20-26*; XXIII 1-7abα) und ,,religiösen Bestimmungen'' (Ex XXII 27-29/XXIII 10-12a) durch die jeweiligen Untergliederungen in Ex XXII 26bγ; XXIII 7bβ ausgerichtet worden. Im Zuge der Redaktion dieses ,,Fachwerks'' seien die sozialen Bestimmungen eingeführt worden, so daß, diese herausgelöst, eine Ex (XXIII 23-24. 31-33*); XX 24aα. 26a; XXII 27-29; XXIII 10-12a. 14-19 umfassende privilegrechtliche Grundschicht übrigbleibe. Im Wesen des religiösen Privilegrechtes sei auch der Grund für die Integration von Profanrecht angelegt. Ein das Gottesverhältnis und Israel als Gottesvolk gegen die Ansprüche des Kulturlandes konstituierendes Privilegrecht wolle die Gemeinschaftsbezüge in diesem Volke dem Willen Gottes unterstellen.

Zweifel an dieser Analyse erheben sich, wenn man sieht, daß die Verse, die eine zentrale Funktion in der Strukturierung der dem Bundesbuch vorgegebenen Überlieferungsschichten haben sollen, eher in die literarische Nach- als in die überlieferungsgeschichtliche Vorgeschichte des Bundesbuches gehören. Die Verse Ex XXII 30 und Ex XXIII 13 sind als Gliederungsachse einer in die Frühzeit Israels datierten ,,Grundüberlieferung'' kaum wahrscheinlich zu machen. Ex XXII 30 ist als eine Lev XVII 15 parallele Weiterentwicklung von Dtn XIV 21 deutlich geworden. Dtn XIV 21 ist pluralischer Redaktionsschicht im Dtn zuzuweisen.[35] Dann aber ist auch die These hinfällig, durch die als auf Ex XXII 30; XXIII 13 hin orientiert interpretierten Verse Ex XXII 26bγ; XXIII 7bβ sei profanes Rechtsmaterial in eine privilegrechtliche Grundschicht integriert worden. Auch für Ex XXIII 13 ist die dtr Sprachgestalt, die einer Frühdatierung entgegensteht, unübersehbar. Ex XXII 30 und Ex XXIII 13 entfallen als Gliederungsachse. Die Interpretation von Ex XXII 20 und Ex XXIII 9 als Rahmung einer ,,ger-Sammlung'' und Ex XXI 1 als Einleitung der Sklavengesetze übersieht die dtr Motivik und Sprachgestalt. Entfallen Ex XXII 20; XXIII 9 als Gliederungen einer ,,zweiten Ausbaustufe'' des Bundesbuches, so fällt das von J. Halbe konstruierte ,,Fachwerk'' in sich zusammen. Ex XX 22f.; XXIII 13 und Ex XXII 19b schließlich sind in gewandelter Forschungssituation zu deutlich als literarisch spät erkannt, als daß sie als Rahmen und Gliederungsachse einer in die frühe Geschichte Israels datierten ,,Ausbaustufe II'' im Bundesbuch in Frage kämen.[36] Es muß zur Verkürzung führen, wenn J. Halbe auf jeden Versuch einer über das Bundesbuch hinausgehenden überlieferungsgeschichtlichen Verortung der von ihm herausgearbeiteten Gliederungselemente verzichtet und gleichzeitig den Numeruswechsel nur stilistisch interpretiert.[37] Die zu diesem Thema vorgelegten differenzierten Analysen im Bereich dtn und dtr Literatur verbieten wohl einen so einlinig auf das Bundesbuch beschränkten, den dtn und dtr Überlieferungsbereich ausklammernden Lösungsversuch. So ist es nur konsequent, wenn G. A. Chamberlain[38] ein diametral entgegengesetztes Erklärungsmodell zur Überlieferungsgeschichte des Bundesbuches entwirft. Vordtr Kern sei nicht ein theologisch gegründetes Privilegrecht, sondern eine profanrechtliche Sammlung kasuistischen Rechts in Ex XXI 2-XXII 15 (16). Im Zuge der dtr Umgestaltung der Sinaiperikope von einer Theophanie- zu einer $b^e\hat{r}\hat{\imath}t$-Überlieferung sei im Verein mit Ex XIX 3-8 und Ex XXIV 3-8 durch die Zufügung von Ex XXII 17-XXIII 19 das Bundesbuch als Teil der $b^e\hat{r}\hat{\imath}t$-Schicht in der Sinaiüberlieferung entstanden. Eine spätere Erweiterung habe noch Ex XX 22-XXI 1 als Prolog und Ex XXIII 20-33 als Epilog hinzugefügt. Begründet wird diese These damit, daß sich in Ex XXI 2-XXII 15 (f.) ein überlieferungsgeschichtlches Gefälle hin zu parallelen Überlieferungen des Dtn, in Ex XXII 17-XXIII 19 aber umgekehrt ein Gefälle vom Dtn zum Bundesbuch erweisen lasse. Doch der Einzelerweis zeigt oft ein anderes Bild. Dtn XXII 1-4 ist deutlich eine Weiterentwicklung von Ex XXIII 4f. Diese Abhängigkeit ist auch nicht mit der Beobachtung, Ex XXIII 4f. gehe mit der Forderung der Feindessolidarität über Dtn XXII 1-4 hinaus, in Frage zu stellen, wenn man sieht, daß Dtn XXII 1-4 im Horizont der dtn $\bar{a}h$-Schicht[39] bearbeitet wurde. Die Ex XXIII 4f. umfassende Prozeßrechtssammlung Ex XXIII 1-3. 6-8 zeigt sich als weisheitlich beeinflußt, nicht aber von dtr Gestalt. Ex XXII 20-26 nimmt G. A. Chamberlain als dtr verfaßte Einheit, ohne daß der Wechsel von Singular- zu Pluralschicht zum Anlaß wird, nach der Überlieferungsgeschichte dieses Abschnittes zu fragen. Es wird schließlich schon zur petitio principii, wenn das Altargesetz aus einem dtr Bemühen um Archaisierung erklärt wird. Eine durchgängige dtr Prägung und Abhängigkeit vom Dtn läßt sich für Ex XXII 17-XXIII 19 nicht erweisen. Vielmehr läßt sich die dtr Überarbeitung noch deutlich von nicht dtr geprägter Überlieferung abheben. Verzichtet J. Halbe auf jede Vermittlung seiner überlieferungsgeschichtlichen Rekonstruktion des Bundesbuches mit dtr Bearbeitung der Sinaiperikope und bekommt so nicht die literarische Nachgeschichte in den Blick, so verzichtet G. A. Chamberlain auf die Analyse vordtr Überlieferungsgeschichte in Ex XXII 17-XXIII 19, so daß Nachgeschichte und Entstehung des Bundesbuches verwechselt werden.

3. REDAKTIONELLE STRUKTUREN IM BUNDESBUCH (EX XXI 2-XXIII 12)

Ausgangspunkt zur Aufschlüsselung der Redaktionen des Bundesbuches soll der durch besondere Geschlossenheit gekennzeichnete Abschnitt Ex XXI 33-XXII 14 sein. Er besteht aus acht durch die Einleitung mit *kî* abgegrenzten Einheiten (Ex XXI 33f./35f./37; XXII 3/4/5/6-8/9-12/13f.). Diese kasuistisch formulierten Gesetze gewinnen ihre Geschlossenheit dadurch, daß sie von Ersatzleistungen handeln und als Zentrum der Apodosis die Formulierung *(šallem) ješallem* (Ex XXI 34. 36. 37; XXII 3. 4. 5. 6. 8. 11. 13) oder *loʾ ješallem* (Ex XXII 10. 12. 14) verwenden. Dadurch ist der Abschnitt nach vorn und hinten abgegrenzt. Um diese Sammlung von *ješallem*-Gesetzen ist mit Ex XXI 18-32; XXII 15. 16 eine Sammlung von Gesetzen zum Thema der Verletzung körperlicher Integrität herumgelegt. Die Gesetze Ex XXI 18f./20f./22-25/26f./28-32 sind durch die gemeinsame Bildung der Protasis mit Verben des Schlagens nach vorn und hinten abgegrenzt[40]. Den kasuistischen Gesetzen in Ex XXI 18-32 und Ex XXII 15f. ist jeweils eine apodiktische Gesetzesreihe todeswürdiger Verbrechen in Ex XXI 12-17; XXII 17-19a voran- und nachgestellt. Ist Ex XXII 19b. 20aβb. 21. 23 als dtr Bearbeitung erkannt, verliert die These an Gewicht, mit Ex XXII 20 beginne aufgrund der hier einsetzenden Paränese ein neuer Abschnitt. Dies gilt um so mehr, wenn erkannt ist, daß Ex XXII 19 erst in der dtr Bearbeitung eine herausgehobene Stellung erhält.[41] So lichtet sich die Struktur: Der apodiktischen Reihe in Ex XXI 12-17 sind in Ex XXI 2-11 die sozialen Schutzbestimmungen der Sklavengesetze vorangestellt und der apodiktischen Reihe in Ex XXII 17-19a Gebote zum sozialen Schutz der Fremdlinge und Armen in Ex XXII 20aα.22.24a.25.26* nachgestellt. Die direkte Anrede in Ex XXI 2 will die kasuistische Gesetzesformulierung in Ex XXI 2-11 an die prohibitiv-injunktiven Formulierungen in Ex XXII 20aα-26abαβ angleichen und dient der redaktionellen Verklammerung der sozialen Schutzbestimmungen in Ex XXI 2-11 mit denen in Ex XXII 20-26*. Es ergibt sich für Ex XXI 2-XXII 26abαβ also folgende chiastische Struktur:

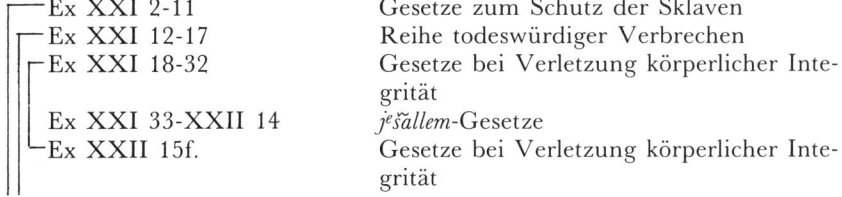

	Ex XXI 2-11	Gesetze zum Schutz der Sklaven
	Ex XXI 12-17	Reihe todeswürdiger Verbrechen
	Ex XXI 18-32	Gesetze bei Verletzung körperlicher Integrität
	Ex XXI 33-XXII 14	*ješallem*-Gesetze
	Ex XXII 15f.	Gesetze bei Verletzung körperlicher Integrität

	Ex XXII 17-19a	Reihe todeswürdiger Verbrechen
	Ex XXII 20aα-26abαβ	Gesetze zum Schutz der Fremdlinge und Armen

Diese chiastisch strukturierte Einheit wird durch ein vom vorgegebenen Kontext abgehobenes *kî ḥannûn ʾanî* in Ex XXII 26bγ[42] abgeschlossen, das die gesamte Sammlung Ex XXI 2-XXII 26 umgreift und theologisch im Motiv des barmherzigen Gottes zusammenfaßt.

Dem folgenden Abschnitt des Bundesbuches in Ex XXII 27-XXIII 12 liegt ebenfalls eine chiastische Struktur zugrunde: Die Verse Ex XXIII 1-3. 6-8 schließen sich als eigenständige Prozeßrechtssammlung zusammen, wobei Ex XXIII 3 und Ex XXIII 6 besonders eng zusammengehören: Der sozial Schwächere soll im Rechtsprozeß weder bevorzugt noch benachteiligt werden. Diese Reihe prozeßrechtlicher Gesetze umschließt ein Gebot zur Konfliktbegrenzung und Solidarität mit dem Feind in Ex XXIII 4f. Ex XXIII 1-3/4f./6-8 wird durch eine Sammlung von Sakralgeboten der Aussonderung für JHWH (Ex XXII 28f.; XXIII 10-12) gerahmt. Das Sakralrecht des hoheitlichen Anspruches Gottes auf Mensch und Natur umgreift also das Profanrecht, das so unter JHWHs Herrschaft gestellt wird. Ex XXII 27 ist ursprüngliche oder später redaktionell hinzugesetzte Einleitung dieser Sammlung.[43] Ex XXII 28-XXIII 12 hat also folgende Struktur:

	Ex XXII 28f.	Gebote der Aussonderung für JHWH
	Ex XXIII 1-3	Gesetze zur Sicherung der Rechtsinstitution
	Ex XXXIII 4f.	Gebot der Solidarität mit dem Feind
	Ex XXIII 6-8	Gesetze zur Sicherung der Rechtsinstitution
	Ex XXIII 10-12	Gebote der Aussonderung für JHWH

Die Redaktionsstruktur des Bundesbuches in Ex XXI 2-XXIII 12 wird also durch zwei Einheiten in Ex XXI 2-XXII 26 und Ex XXII 28-XXIII 12 gebildet, die jeweils chiastisch gestaltet in sich geschlossen und abgegrenzt und durch Ex XXI 26bγ. (27) voneinander abgehoben sind. Insgesamt also hat das Bundesbuch in Ex XXI 2-XXIII 12 eine recht klare und einfache Struktur:

	Ex XXI 2-11	Gesetze zum Schutze der Sklaven
	Ex XXI 12-17	Reihe todeswürdiger Verbrechen
	Ex XXI 18-32	Gesetze bei Verletzung körperlicher Integrität
	Ex XXI 33-XXII 14	*jᵉšallem*-Gesetze
	Ex XXII 15f.	Gesetze bei Verletzung körperlicher Integrität
	Ex XXII 17-19a	Reihe todeswürdiger Verbrechen
	Ex XXII 20-26*	Gesetze zum Schutz der Fremdlinge und Armen

┌─Ex XXII 28f.	Gebote der Aussonderung für JHWH
┌ Ex XXIII 1-3	Gesetze zur Sicherung der Rechtsinstitution
│ Ex XXIII 4f.	Gebot der Solidarität mit dem Feind
└ Ex XXIII 6-8	Gesetze zur Sicherung der Rechtsinstitution
└─Ex XXIII 10-12	Gebote der Aussonderung für JHWH

Im folgenden sind aus den jeweiligen Strukturen dieser beiden Einheiten die Intentionen, die die Redaktionen leiten, zu erheben und rechtshistorisch wie theologisch zu interpretieren. Ein Blick auf den Gesamtzusammenhang von Ex XXI 2-XXIII 12 zeigt, daß die beiden Einheiten gerade nicht durch eine sie jeweils übergreifende Redaktion strukturiert sind, sondern ihre Struktur aus sich gewinnen. Das läßt vermuten, daß es sich um ursprünglich selbständig überlieferte Sammlungen handelt und soll Anlaß sein, jede der beiden Einheiten zunächst gesondert zu analysieren.

4. DIE RECHTSSAMMLUNG EX XXI 2-XXII 26

In einem ersten Schritt soll nach ursprünglich selbständigen, der Strukturierung von Ex XXI 2-XXII 26 vorgegebenen Rechtssammlungen gefragt und die Überlieferungsgeschichte dieser Sammlungen erhoben werden. Die Analyse folgt der chiastischen Struktur.

4.1. Die jᵉšallem-Gesetze in Ex XXI 33-XXII 14

4.1.1. Strukturanalyse der Sammlung der jᵉšallem-Gesetze

Die Sammlung der *jᵉšallem*-Gesetze umfaßt die Rechtssätze in Ex XXI 33f./35f./37-XXII 3/4/5/6-8/9-12/13f. Innerhalb dieser Sammlung sind die beiden Rechtssätze Ex XXII 9-12 und Ex XXII 13f. durch eine gemeinsame Struktur wechselnder Abfolge von *lo' jᵉšallem* und *(šallem) jᵉšallem* in der Gesetzesapodosis zusammengebunden:

Ex XXII 9f.	*lo' jᵉšallem*
Ex XXII 11	*jᵉšallem*
Ex XXII 12	*lo' jᵉšallem*
Ex XXII 13	*šallem jᵉšallem*
Ex XXII 14	*lo' jᵉšallem*

Diese durch ein AB-Schema zusammengefaßten Gesetze in Ex XXII 9-14 sind Teil eines größeren, Ex XXII 6-8 einschließenden Zusammenhanges, der Gesetze der Haftung für anvertrautes Gut zusammenstellt. Durch die Einleitungsformel *kî jitten 'iš 'ael reʿehû...lišmor* in Ex XXII 6 und Ex XXII 9 wird der Abschnitt Ex XXII 6-14 in zwei Unterabschnitte gegliedert, den durch die Apodosisformulierung *jᵉšallem šᵉnajim* in Vers 6.8 zusammengebundenen Abschnitt Ex XXII 6-8 und die durch das AB-Schema zusammengefaßten Gesetze in Ex XXII 9-14. Ex XXII 9-14 behandelt Fälle der reinen Ersatzhaftung *(jᵉšallem)*[44] bzw. Nichthaftung in Fällen höherer Gewalt *(lo' jᵉšallem)* ohne Sanktionsimplikation. Ex XXII 6-8 dagegen behandelt Eigentumsdelikte, die mit doppelter Ersatzleistung *(jᵉšallem šᵉnajim)* sanktioniert werden. Der Abschnitt Ex XXII 6-14 faßt also Ersatzleistungs- und Sanktionsgesetze zusammen: Die redaktionelle Struktur des Wechsels von Ersatzleistungs- und Sanktionsgesetzen bestimmt auch die Zusammenstellung der Gesetzesgruppen Ex XXI 33-36/37-XXII 3/4f. In Ex XXI 33-36 sind Gesetze zur Anwendung bei Schädigung fremden Viehbestandes zusammengestellt, in denen es um die sanktionsfreie einfache Ersatzleistung geht *([šallem] jᵉšallem;* Ex XXI 34.36)*. Die zweite Gesetzesgruppe in Ex XXI 37; XXII

[1.2*]. 3 umfaßt Gesetze gegen den Viehdiebstahl, deren Redaktion Apodosisbestimmungen von Sanktionen in einer Reihe abnehmender Härte zusammenordnet:[45]

...ḥᵃmiššā baqar jᵉšallem taḥat haššôr
...᾽arbāʿ ṣo᾽n taḥat haśśāē (šallem jᵉšallem)
...šᵉnăjim jᵉšallem

Der Aspekt der Sanktion fehlt dagegen in den folgenden Gesetzen in Ex XXII 4f. Wie in Ex XXI 33-36 werden Fälle einfacher Ersatzleistung ([šallem] jᵉšallem; Ex XXII 4.5) zusammengeordnet. Daran schließen sich die schon besprochenen Sanktionsgesetze in Ex XXII 6-8 an. Die jᵉšallem-Gesetze in Ex XXI 33-XXII 14 sind also durch die alternierende Abfolge von Gesetzen reiner Ersatzleistung und sanktionierender Gesetze mehrfacher Ersatzleistung strukturiert:

Ex XXI 33-36	*Ersatzleistung*
Ex XXI 37-XXII 3	Sanktion
Ex XXII 4.5	*Ersatzleistung*
Ex XXII 6-8	Sanktion
Ex XXII 9-14	*Ersatzleistung*

Die Gesetze der reinen Ersatzleistung behandeln Fälle der Fahrlässigkeit. Der entstandene Schaden an Vieh (Ex XXI 33-36), Feldwuchs (XXII 4f.) und anvertrautem Gut (Ex XXII 9-14) muß im Zuge der Konfliktregelung ersetzt werden. Die Gesetze, die mehrfachen Ersatz fordern, behandeln Fälle von Eigentumsdelikten, deren gemeinschaftsschädliche Intentionalität Abschreckung in Gestalt der Sanktionsdrohung erfordert. Die Annahme einer gezielten Strukturierung wird bestätigt durch die Beobachtung, daß der Inf. abs. šallem in den Ersatzleistungsgesetzen nicht wahllos gesetzt wird, sondern jeweils vorangehendes *(lo᾽) jᵉšallem* steigert:

Ex XXI 34	jᵉšallem	
Ex XXI 36	šallem jᵉšallem	
Ex XXI 37	jᵉšallem	
Ex XXII 2bα	šallem jᵉšallem	
Ex XXII 4	jᵉšallem	
Ex XXII 5	šallem jᵉšallem	
Ex XXII 10		lo᾽ jᵉšallem
Ex XXII 11	jᵉšallem	
Ex XXII 12		lo᾽ jᵉšallem
Ex XXII 13	šallem jᵉšallem	
Ex XXII 14		lo᾽ jᵉšallem

Die redaktionelle Struktur[46] grenzt Ex XXI 33-XXII 14 nach vorn und hinten ab und weist auf die ursprüngliche Selbständigkeit der Sammlung hin. Ihre Eröffnung durch die beiden Ersatzleistungsgesetze bei Schädigung fremden Viehbestandes in Ex XXI 33-36 ist absichtsvoll gestaltet. Sie erklären zu Beginn die beiden Ersatzleistungsformen in Geld und Naturalien[47]:

Ex XXI 34   *j^ešallem kaesaep jašîb lib^calaw*
Ex XXI 36   *šallem j^ešallem šôr tāḥat haššôr*

Werden in dieser Sammlung Ersatzleistungs- und Sanktionsgesetze in alternierender Abfolge zusammengefaßt, so deutet sich darin eine Verschiebung in der Funktion des kasuistischen Rechts an. Aus dem reinen Restitutionsrecht des intergentalen Konfliktregelungsverfahrens zwischen den Familien einer überfamiliaren Rechtsgemeinschaft[48] differenziert sich ein kasuistisch formuliertes Strafrecht[49] aus. Die weitere überlieferungsgeschichtliche Analyse der in die Sammlung der *j^ešallem*-Gesetze aufgenommenen Rechtsüberlieferungen muß über diesen Vorgang Auskunft geben.

4.1.2. Überlieferungsgeschichtliche Analysen zur Sammlung der *j^ešallem-Gesetze*

4.1.2.1. Die Sammlung des Depositenrechts in Ex XXII 6-14

Das Depositenrecht in Ex XXII 6-14 hat eine komplexe Überlieferungsgeschichte durchlaufen. Ex XXII 11 und Ex XXII 12 sind aufeinander bezogen. Ex XXII 12 formuliert die Ausnahmeregelung von der in Ex XXII 11 geforderten Ersatzleistung: Die Verantwortlichkeit des Depositars bezieht sich nicht auf den Verlust des Depositums durch wilde Tiere, sondern nur auf die Sicherung vor Diebstahl durch einen Dritten. Ex XXII 10 behandelt einen von Ex XXII 11f. deutlich geschiedenen Fall. Hier geht es nicht um die Regelung der Verantwortung des Depositars bei Verlust des Depositums durch Diebstahl begangen von einem Dritten, sondern um die Regelung eines Entscheids in der Frage, ob sich der Depositar selbst am überantworteten Depositum vergriffen habe. Ex XXII 9a ist Einleitung der als Unterfälle formulierten Bestimmungen in Ex XXII 11f. Dagegen paßt Ex XXII 9b nicht zu den Bestimmungen in Ex XXII 11f., behandelt Ex XXII 11 doch den eindeutig bezeugten Fall des Diebstahls durch einen Dritten und Ex XXII 12 den eindeutig bezeugten Fall, daß das als Depositum gegebene Tier gerissen wurde. Ex XXII 9b ist dagegen notwendige Exposition zu der Bestimmung Ex XXII 10, die im jetzigen Kontext als Apodosis zu Ex XXII 9 formuliert ist. Ex XXII 9a.11.12 wird als die ursprüngliche Gesetzesformulierung erkennbar, in die Ex XXII 9b.10 sekundär eingefügt wurde.[50]

Eng verwandt mit dieser Erweiterung ist die Einbringung der Ordalthematik in den überlieferungsgeschichtlich ebenfalls mehrschichtigen Zusammenhang Ex XXII 6-8. Der Vers Ex XXII 8 hebt sich in Form und Inhalt vom Kontext ab.[51] In Ex XXII 8 geht es um eine den Gesamtbereich der Eigentumsdelikte betreffende Regelung *(kål d{}^{e}bår paešā{}^{c})* des Entscheids durch ein Gottesurteil. Ex XXII 7αβb ist auf Ex XXII 8 ausgerichtet formuliert. Analog zu Ex XXII 11 ist die ursprüngliche Fortsetzung von Ex XXII 7α noch zu rekonstruieren: Im Falle, daß der Dieb, der doppelt zu ersetzen hat, nicht gefunden wird, hat der Depositar dem Depositor den Verlust einfach zu ersetzen. Die ursprüngliche Formulierung lautet also als Unterfall zu Ex XXII 6:

ʾim loʾ jimmaṣeʾ haggannab jᵉšallem libᵉalaw.

Die Ergänzungen in Ex XXII 7αβb.8.9b.10 führen die Thematik des kultischen Rechtsentscheids ein und sind einer einheitlichen Bearbeitungsschicht zuzuweisen. Das Depositenrecht bot einen geeigneten Rahmen dafür, war dieses Recht doch besonders häufig mit Fällen konfrontiert, in denen Aussage gegen Aussage stand und Beweise fehlten. Durch die Überarbeitung wird also eine Thematik eingebracht, die dem vorgegebenen ursprünglichen Depositenrecht fremd war. Regelte dieses ursprünglich die Verantwortlichkeit des Depositars bei Verlust des Depositums, sei es Tier oder Sache, so wurde durch die Überarbeitung das Thema des Eigentumsdelikts des Depositars selbst eingeführt. Hier wird erkennbar, wie durch überlieferungsgeschichtliche Bearbeitung der Wirkungsbereich der Gesetze und das damit verbundene Rechtsfindungsverfahren erweitert werden. Die Weiterentwicklung des materialen Rechts geht einher mit einer Entwicklung der noch nicht zu eigenständigem Prozeßrecht gesonderten Verfahrensregelungen.

Ein weiterer Zusatz ist in Ex XXII 14b zu beobachten, der insofern nur sehr indirekt mit dem in Ex XXII 14a voranstehenden Kontext vermittelt ist, als es dort gerade um die Befreiungsregelung von der Ersatzleistung geht. Während der Kontext Fälle der Ersatzpflicht von solchen abgrenzt, die davon ausgenommen sind, regelt Ex XXII 14b den Modus der Ersatzleistung in einem Spezialfall. Weiterhin ist es unstimmig, daß Ex XXII 13 als Oberfall *(kî)* zu Ex XXII 14a formuliert ist, obwohl Ex XXII 13b den gerade entgegengesetzten Tatbestand formuliert. Ex XXII 14b wurde nachträglich eingefügt. Um die Untergliederung in zwei Unterfälle beizubehalten, wurde Ex XXII 13b in den Obersatz gezogen. Die ursprüngliche Formulierung also lautete:

kî jišʾal ʾîš meʿim reʿehû wᵉnišbār ʾô met
ʾim bᵉʿalaw ʾên ʿimmô šallem jᵉšallem
ʾim bᵉʿalaw ʿimmô loʾ jᵉšallem

Das Depositenrecht wurde aus drei Gesetzen mit jeweils zwei Unterfällen (Ex XXII 6.7aα [   ].9a. 11.12.13.14a) gebildet:

I. Wenn *(kî)* jemand einem Nachbarn Geld oder Gerät zur Aufbewahrung gibt und es wird aus dem Haus des Mannes gestohlen,
a) falls *('im)* der Dieb gefunden wird, so leistet er (der Dieb) doppelten Ersatz,
b) falls *('im)* der Dieb nicht gefunden wird, so leistet er dem Eigentümer Ersatz.
II. Wenn *(kî)* jemand einem Nachbarn einen Esel oder ein Rind oder ein Schaf oder irgendein Tier zur Aufbewahrung gibt,
a) falls *('im)* es ihm gestohlen wird, leistet er seinem Besitzer Ersatz,
b) falls *('im)* es zerrissen wird, soll er es als Beweis beibringen und braucht keinen Ersatz zu leisten.
III. Wenn *(kî)* jemand von einem anderen leiht und es bricht sich ein Glied oder stirbt,
a) falls *('im)* sein Besitzer nicht anwesend war, leistet er Ersatz,
b) falls *('im)* sein Besitzer anwesend war, leistet er keinen Ersatz.

Gesetz I behandelt im Rahmen des Depositenrechts Fälle, die aus der Übergabe von Sachen und Geld, Gesetze II und III behandeln Fälle, die aus der Übergabe von Tieren folgen, wobei die Differenzierungen in der letzteren Gruppe darin begründet sind, daß neben dem Diebstahl auch Verletzung und Tod eines Tieres Eigengewicht haben. Die klare Strukturierung dieser Regelungen des Depositenrechts zeigt, daß Ex XXII 6.7aα () 9a.11.12.13.14a das Depositenrecht zu einer ursprünglich eigenständigen Sammlung zusammenfaßte. Die Rechtssätze zeigen über die äußerliche Strukturierung durch Gleichförmigkeit hinaus bereits den Ansatz einer impliziten Rechtssystematik wechselseitiger Interpretation der Rechtssätze: Im Rechtssatz II wird nicht noch einmal eigens der Fall geregelt, daß der Dieb des als Depositum gegebenen Tieres gefunden wird. Vielmehr ist in diesem Falle Ex XXII 6b entsprechend zu verfahren. Das Gesetz II ist insgesamt eine notwendige Differenzierung der Regelung des Ersatzes für den Fall, daß ein Tier als Depositum gegeben wurde und ein Dieb nicht gefunden wird. Das Verschwinden eines Tieres kann auch darauf zurückgehen, daß es von einem Wildtier gerissen wurde. Das Gesetz III grenzt also am Prinzip der Verschuldenshaftung orientiert vom erweisbaren Fall des Verlustes eines als Depositum gegebenen Tieres durch ein Wildtier die übrigen Fälle von Verletzung oder Tod ab.

Daß die Thematik des kultischen Rechtsentscheids in Ex XXII 7aβb.8 in die vorgegebene Sammlung des Depositenrechts eingearbeitet wurde, ist in der Aporetik der Justitiabilität der ursprünglichen Rechtsregelungen begründet: Soll der Dieb eines Depositums doppelten Ersatz leisten, der Depositar aber, wenn der Dieb nicht gefunden wird, einfachen Ersatz, so bleibt als ungeregelte Lücke der Fall, daß der Depositor den Depositar in einer Deliktsklage beschuldigt, selbst der Dieb des anvertrauten Gutes zu sein. Die Sanktionsregelung des Duplum, die dem Depositor Vorteile bringt, kann einen derartigen Vorwurf geradezu provozieren. Mit den herkömmlichen Mitteln des Ortsgerichts ist der Fall, daß der Depositar selbst des Diebstahls beschuldigt wird, kaum zu lösen. Das Depositenrecht wird damit zum Rahmen einer grundsätzlichen, über dieses Recht hinaus gültigen Regelung kultischen Rechtsentscheids in allen, nicht durch Zeugenaussagen aufklärbaren Fällen von Eigentumsdelikten *(ʿal kål dᵉbår paešåʿ...)*. Ein Rechtssatz mit paradigmatischer Bedeutung ist entstanden. Ein vorgegebener Rechtssatz hatte eine erkennbare Grenze darin, daß er Rechtsfälle provozierte, die er nicht regeln konnte. Die Erweiterung des Rechtssatzes nimmt eine Lösung in Angriff — nun aber nicht nur für diesen speziellen Fall des Depositenrechts, sondern für alle ähnlichen Fälle von Eigentumsstreitigkeiten.[52]

Die Bearbeitungsschicht in Ex XXII 7aβb.8.9b.10 setzt die bereits in der vorgegebenen Sammlung erkennbare Tendenz zur Systematisierung des Rechts und also Rationalisierung innerhalb der Sammlung fort. Ex XXII 8 steht im Kontext der das Depositenrecht anvertrauter Sachwerte regelnden Bestimmung, schließt aber das folgende Gesetz über anvertraute Tiere mit ein, ist also über den unmittelbaren Kontext hinaus auch auf Ex XXII 9-11 zu beziehen und regelt dort den Fall, daß der Depositar im kultischen Aufklärungsverfahren (Ex XXII 10) für schuldig erklärt wurde. So kann Ex XXII 10 auf die erneute Formulierung dieses Falles verzichten und den entgegengesetzten Fall der erwiesenen Unschuld des Depositars und die Ansprüche des Depositors auf das verletzte oder tote Tier regeln. Ex XXII 9b.10 *(umet ʾô nišbår)* wird in Ex XXII 13.14a *(wᵉnišbår ʾô met)* weitergeführt. Ex XXII 13.14a regelt den Fall, daß ein als Depositum gegebenes Tier sich verletzt oder stirbt. War der Depositor anwesend, so entfallen die Ersatzansprüche, andernfalls werden sie fällig. Nicht erneut geregelt werden mußte der Fall, daß der Depositor den Depositar in einer Deliktklage beschuldigt, sich vorsätzlich am Depositum vergriffen zu haben, um sich Eigentumsvorteile zu verschaffen. Ex XXII 13.14a gilt jetzt nur noch für den Fall unbestrittener Verursachung des Schadens durch einen Dritten. Im Falle der Beschuldigung des Depositars duch den Depositor, den Schaden verursacht zu haben (Ex XXII 9b), ist die Regelung eines kultischen Eidverfahrens (Ex XXII 10a) anzuwenden. Ist der Depositar unschuldig, so ist gemäß Ex XXII 10b zu verfahren. Der Depositor erhält das vom Tier Übriggebliebene, der Depositar hat keine Ersatzpflicht. Im Falle der Schuld des Depositars ist nach Ex XXII 8 zu verfahren. Der Depositar hat doppelten Ersatz zu leisten, wird also der Sanktion für Eigentumsdelikte unterworfen. Die Rechtssätze legen sich in der Neuinterpretation gegenseitig aus und erhalten eine neue Systematik.

Die ursprüngliche Sammlung von Rechtssätzen des Depositenrechts in Ex XXII 6.7aα ().9a.11.12.13.14a wurde durch äußere Gleichförmigkeit im Aufbau der Rechtssätze mit je zwei Unterfällen und damit verbundenem Ansatz zu impliziter Rechtssystematik zusammengebunden. Durch die Neuinterpretation in Ex XXII 7aβb.8.9b.10 wird eine den einzelnen Rechtssatz überschreitende Systematik nunmehr explizit: ʿal šôr ʿal ḥamôr ʿal śāe in Ex XXII 8 steht epexegetisch zu ăl kăl d^{e}băr paeśaʿ und wird in Ex XXII 9 ḥ^{a}môr ʾô šôr ʾô śāe (w^{e}kăl b^{e}hemā) aufgenommen. ʿal śalmā in Ex XXII 8 weist zurück auf Ex XXII 6 und ergänzt die Regelung für Gerät (kelîm) durch das Motiv der Kleidung. Ex XXII 9b umet ʾô nišbăr wird in Ex XXII 13 w^{e}nišbăr ʾô met aufgenommen. Diese Querverweise leiten dazu an, die Rechtssätze nicht mehr nur topisch als den jeweiligen Fall explizierend zu interpretieren, sondern in der die gesamte Sammlung des Depositenrechts in Ex XXII 6-14 umgreifenden Systematik als Teil dieses Ganzen. Die Unmittelbarkeit der Beziehung von konkretem Einzelfall und einzelnem kasuistischen Rechtssatz, die Bindung also des Rechtssatzes an ein ,,Tatbild'', wird zugunsten einer größeren Abstraktheit der Rechtssystematik der Sammlung gelockert.

Eine weitere für die Rechtsgeschichte Israels bedeutsame Tendenz in der Neuinterpretation der Sammlung des Depositenrechts wird in dem prozeßrechtlichen Bemühen erkennbar, die Grenzlinie zwischen profanem und kultischem Rechtsentscheid zu regeln. Die kultischen Mittel des Rechtsentscheids sollen dort Anwendung finden, wo die Zeugenaussage als primäres Aufklärungsmittel der profanen Gerichtsbarkeit des Ortsgerichts nicht mehr greift. Der kultische Eid (Ex XXII 10) wird dann angewandt, wenn es keinen Zeugen gibt (ʾên roʾāe; Ex XXII 9bß). Ex XXII 7aβb.8 soll den Fall regeln, daß in der Frage rechtmäßigen Eigentums Aussage gegen Aussage steht. Es ist zu vermuten, daß diese Neuinterpretation in ihrer Kraft zur Rechtssystematik und Vermittlung von profanem und kultischem Verfahrensweg des Rechtsentscheids ein nicht geringes Maß rechtskundiger, an ein Amt gebundener Professionalität voraussetzt, die aber schwer in der israelitischen Rechtsgeschichte zu lokalisieren ist. Die Daten im Alten Testament sind zu lückenhaft, um das Verhältnis von profaner zu kultischer Rechtsfindung zu rekonstruieren.[53] Josaphats Rechtsreform (2 Chron XIX 4-11), die den kultischen Rechtsentscheid in Jerusalem zentriert und mit der königlichen Rechtsprechung verbindet,[54] ist ein Fixpunkt. Wie sich die Neuinterpretation des Depositenrechts zu dieser Reform verhält, also in die Vorgeschichte oder Nachgeschichte[55] oder gar in die Reform selbst hineingehört, ist nicht mehr eindeutig zu bestimmen. Darin aber konvergieren Reformerzählung und Depositenrechtssammlung in Ex XXII 2-14, daß hier wie dort eine Tendenz zur Ablösung der reinen Laiengerichtsbarkeit erkennbar[56] und das Verhältnis profaner zu kultischer Rechtsinstitution definiert wird.[57]

Die Überlieferungsgeschichte des Depositenrechts ist also wohl auf jeden Fall in staatliche Zeit israelitischer Geschichte zu datieren, was durch die Erweiterung der Sammlung durch Ex XXII 14b bestätigt wird. Der Begriff *śākîr* ist vorstaatlich nicht belegt. Landlose Tagelöhner sind erst mit der Entwicklung der vorstaatlichen Subsistenzökonomie zu einer hierarchisierten Ökonomie der Surplus-Abschöpfung eine verbreitete Erscheinung in Israel, die also auch der Aufnahme in die Rechtsüberlieferung bedarf.

Der Redaktor der *ješallem*-Gesetze in Ex XXI 33-XXII 14 nahm die Sammlung des Depositenrechts in der bereits erweiterten Fassung auf. Das Depositenrecht war ursprünglich reines Ersatzleistungsrecht, das Fälle der Ersatzleistungspflicht von solchen der Befreiung von der Ersatzleistung abgrenzte. Nur für den Dieb als schädigenden Dritten kannte die Sammlung bereits die Sanktion der doppelten Ersatzleistung, um damit zu begründen, daß für den Depositar keine zusätzliche Ersatzleistungspflicht bestand. Die Neuinterpretation führt in Ex XXII 8 den Sanktionsgedanken doppelter Ersatzleistung auch in das Verhältnis von Depositor zum Depositar ein. Ex XXII 8 ist in der Überarbeitungsschicht zur integrierenden Mitte der gesamten Sammlung geworden. In der Überlieferungsgeschichte des Depositenrechts ist also die Entwicklungstendenz des kasuistischen Rechts vom reinen Konfliktregelungsrecht zum Sanktionsrecht erkennbar. Ähnlich unterscheidet auch das Keilschriftrecht des Codex Hammurapi (CH §§ 124f.) mit der Differenzierung zwischen einfacher Haftung und Duplum zwischen kontraktlichem Schadensersatz und Strafe, wobei der Fall grundloser Ableugnung des Depositums (§ 124) als einziger Fall doppelter Ersatzleistung rechts- und überlieferungsgeschichtlich sekundärer Sonderfall des Depositenrechts ist. Auch hier also ist eine Erweiterung des Depositenrechts als reinem Ersatzleistungsrecht um die Funktion des Strafrechts erkennbar.

4.1.2.2. Die Diebstahlsgesetze in Ex XXI 37-XXII 3

Wie das Depositenrecht zeigen auch die Diebstahlsgesetze in Ex XXI 37-XXII 3 Spuren des überlieferungsgeschichtlichen Interpretationsprozesses. Die Blutschuldbestimmungen in Ex XXII 1.2a unterbrechen die

Diebstahlsbestimmungen in Ex XXI 37; XXII 2b.3. Versuche, den Text durch Umstellung von Ex XXI 37 unmittelbar vor Ex XXII 3 zu glätten[58], sind ohne Anhalt am Text. Gewichtiger ist D. Daubes These[59] sukzessiver Anfügungen an Ex XXI 37. Daß ein überlieferungsgeschichtliches Gefälle zwischen Ex XXI 37 und Ex XXII 3 anzunehmen ist, hat D. Daube überzeugend begründet.[60] Doch knüpft Ex XXII 3 nicht an Ex XXII 1f., sondern an Ex XXI 37 an, was der These einer sukzessiv anknüpfenden Erweiterung entgegensteht. Die Überlieferungsgeschichte von Ex XXI 37-XXII 3 ist komplexer als es D. Daubes schematisches Modell erkennen läßt. Ex XXII 2bα *(šallem jᵉšallem)* ist der Blutrechtsüberlieferung Ex XXII 1.2a fremd und ursprüngliche Fortsetzung von Ex XXI 37 *(wᵉʾarbaʿ ṣôʾn tāḥat haśśāē šallem jᵉšallem)*. Ex XXII 2bβ ist ein Ex XXII 14b ähnlicher Zusatz, der den Modus der Ersatzleistung als Unterfall gestaltet zufügt.[61] Ex XXII 2bβ bezieht sich auf Ex XXI 37; XXII 2bα, nicht aber auf Ex XXII 1.2a, das später in den Kontext des Diebstahlsverbots eingefügt wurde. Die überlieferungsgeschichtliche Differenz zwischen Ex XXI 37 und Ex XXII 1.2a zeigt sich im Nebeneinander von *damîm lô* mit der dem Blutrechtsthema fremden Ersatzleistungsformel *šallem jᵉšallem*.[62] Die Schlußstellung der gegenüber Ex XXI 37 überlieferungsgeschichtlich sekundären Bestimmung Ex XXII 3 zeigt, daß diese Bestimmung wohl als letzte eingefügt wurde. Das Diebstahlsgesetz Ex XXI 37; XXII 2bα ist also überlieferungsgeschichtlicher Kern, an den Ex XXII 2bβ angefügt wurde. Auf folgender Überlieferungsstufe wurde die Blutrechtsüberlieferung Ex XXII 1.2a und schließlich Ex XXII 3 zugefügt.

Warum wurde die Blutrechtsüberlieferung Ex XXII 1.2a, die ihren Ursprung in der Blutracheinstitution hatte[63], in die Diebstahlsgesetzgebung eingeführt? Es gilt auch hier der in der Überlieferungsgeschichte der Depositenrechtssammlung deutlich gewordene Grundsatz: Rechtsprobleme werden durch Rechtssätze in dem Kontext geregelt, in dem sie auftreten. Die Diebstahlsgesetzgebung, die die Ersatzleistung des Diebes regelt, ist der angemessene Rahmen, um auch die Blutrechtsregelung der Tötung eines auf frischer Tat überraschten Diebes einzuführen. Diese überlieferungsgeschichtliche Aufweitung der kasuistischen Diebstahlsgesetzgebung ist ohne eine Verbindung der Institution der Ortsgerichtsbarkeit mit der Blutracheinstitution kaum möglich. Wird in Ex XXII 1.2a Blutschuld eingegrenzt und die Blutrache im besonderen Fall ausgesetzt, so muß dies öffentlich in einem Rechtsverfahren erhoben und erklärt werden.[64] Eine Verbindung von Blutracheinstitution und Ortsgerichtsbarkeit schlägt sich auch in Ex XXI 12-14 nieder, da die Unterscheidung von Mord und Körperverletzung mit Todesfolge ein Feststellungsverfahren voraussetzt (s. Dtn XIX 11f.; Num XXXV 16ff.)[65]

Das Diebstahlsgesetz Ex XXI 37; XXII 2bα, das die vier- und fünffache Ersatzleistung als Sanktion fordert, ist überlieferungsgeschichtlich unabhängig von der im Depositenrecht formulierten doppelten Ersatzleistung. Ein direkter Widerspruch nach der Verbindung von Depositenrecht und Diebstahlsgesetzen ist dadurch umgangen, daß sich Ex XXII 6 nur auf Gegenstände und Geld, Ex XXI 37, XXII 2bα auf Tiere bezieht. Ex XXII 8 aber zeigt, daß die doppelte Ersatzleistung als Sanktion auch ursprünglich für gestohlene Tiere galt, ohne daß die in Ex XXII 3 nachgetragene Differenzierung schon Anwendung fand. Das Nebeneinander unterschiedlicher Entwicklungsstadien des Diebstahlsgesetzes führt nach der Verbindung von Ex XXII 6-14 mit Ex XXI 37-XXII 3 zu der nur überlieferungsgeschichtlich zu begreifenden Lösung, daß der Tierdiebstahl mit vier- bzw. fünffacher Ersatzleistung, der kultisch aufgeklärte Diebstahl eines Tieres aber nur mit doppelter Ersatzleistung sanktioniert wird, ohne daß eine Ex XXII 3 entsprechende Differenzierungsregelung vorgesehen ist. In diesen Überlieferungen spiegeln sich die Entwicklungsstadien der Diebstahlsgesetzgebung: Am Anfang stand die doppelte Ersatzleistung als Sanktion jeglichen Diebstahls. Während die Sanktion des Diebstahls von Sachwerten konstant bleibt, wird die für den Viehdiebstahl verschärft und differenziert. Für den Rinderdiebstahl wird eine fünffache, für den Kleinviehdiebstahl eine vierfache Ersatzleistung gefordert. Im Falle einer mit kultischen Mitteln aufgeklärten widerrechtlichen Aneignung eines Tieres oder seiner Auffindung in noch lebendem Zustand bleibt es bei einer nur doppelten Ersatzleistung. In diesen Fällen, in denen auf Verkauf oder Schlachtung des Tieres verzichtet wurde, ist die Wahrscheinlichkeit der Aufklärung größer, und also kann die Sanktionsandrohung geringer sein.[66]

Die im Vergleich zum Keilschriftrecht auch in der Weiterentwicklung der israelitischen Diebstahlsgesetzgebung geringe Sanktion des Diebstahls[67] hat unterschiedliche Erklärungen gefunden. J. Hempel[68] hat darin einen charakteristisch sozialen Zug des Alten Testaments sehen wollen. H. J. Boecker[69] vermutet ein Nachwirken nomadischen Eigentumsverständnisses. Verliert die These nomadischer Herkunft der Protoisraeliten zunehmend an Überzeugungskraft, so bedarf es einer anderen Erklärung dieser auffälligen Differenz zwischen israelitischem Recht und Keilschriftrecht. Sie dürfte in der entwicklungslogischen Interdependenz zwischen Rechts- und Gesellschaftsentwicklung zu suchen sein.[70] Das kasuistische Recht ist im Ursprung reines Konfliktregelungsrecht interfamiliärer Gemeinschaften, dem die Sanktionsfunktion fremd ist. Mit zunehmender Komplexität der Gesellschaft als Staat und der damit verbundenen Ausdifferenzierung von eigenständigen Rechtsinstitutionen gewinnt das kasuistisch formulierte Eigentumsrecht die Funktion der Sicherung vertikal-hierarchischer Eigentumsschichtungen. Die Sanktionsandrohung gewinnt gegenüber der Konfliktregelung an Bedeutung. Es darf als Grundsatz gelten, daß, je komplexer eine staatlich strukturierte Gesellschaft wird, um so mehr die aus tribaler Gesellschaftsstruktur stammende Funktion der sanktionsfreien Konfliktregelung zugunsten einer Sanktionsfunktion auch des kasuistischen Rechts eingeschränkt wird.[71] Die Diebstahlsgesetzgebung Israels ist der Funktion des kasuistischen Rechts in genealogisch integrierter Gemeinschaft also noch sehr viel näher als die in staatlich-königliche Rechtsgestaltung überführten keilschriftlichen Regelungen der Eigentumsdelikte.

4.1.2.3. Die Flurschädigungsgesetze in Ex XXII 4.5

In Ex XXII 4 ist die Verschiebung der Rechtsintention durch die Verbindung mit Ex XXII 5 noch erkennbar. Im Qere bᶜjrw[72] ist noch die ursprüngliche Rechtsfolge der reinen Ersatzleistung festgehalten. Bei der Verbindung mit Ex XXII 5 wurde bᶜjrw zu bᵉᶜîrô und in Angleichung an häbbᵉᶜerā in Ex XXII 5 die Regelung Ex XXII 4 auf den Fall des Feldbrandes gedeutet, wobei Ex XXII 4 nunmehr die beabsichtigte, Ex XXII 5 die unbeabsichtigte Flurschädigung bezeichnet. Entsprechend findet sich in Ex XXII 4 (mêṭāb śadehû umêṭāb kärmô jᵉšāllem) ein erster Ansatz zur Sanktion über die reine Ersatzleistung hinaus.[73] Dem Redaktor der Sammlung Ex XXI 33-XXII 14 waren diese beiden Gesetze bereits als Einheit vorgegeben. Er ordnet sie unter dem Gesichtspunkt der reinen Ersatzleistung ein. Die die Sammlung als ganze prägende Struktur der Abfolge von Ersatzleistungsgesetzen bei unwillentlicher und Sanktionsgesetzen bei willentlicher Schädigung ist also nicht erst vom Redaktor dieser Sammlung erfunden, sondern schon in vorgegebenen Gesetzen prägend.

4.1.3. Rechtshistorische Entwicklungen in der Sammlung der jᵉšāllem-Gesetze

Die Analyse der Rechtsüberlieferungen, die in Ex XXI 33-XXII 14 aufgenommen wurden, haben die Ausdifferenzierung eines kasuistisch formulierten Sanktionsrechts aus dem sanktionsfreien Konfliktregelungsrecht, das sich in XXI 33-36 in noch reiner Form erhalten hat,[74] deutlich werden lassen. Diese Entwicklung ist Hintergrund für die redaktionelle Strukturierung der jᵉšāllem-Sammlung, die alternierend Zivilrechtsgesetze und Strafrechtsgesetze zusammenbindet und damit die ausdifferenzierten Rechte zusammenhält. Diese Ausdifferenzierung eines sanktionierenden Strafrechts im kasuistischen Recht setzt die Erweiterung der Funktion des Ortsgerichts über die reine Konfliktregelung hinaus voraus. Ähnlich sieht der CH einfachen Ersatz dort vor, wo eine Schädigung ohne Vorteilnahme des Schädigers geschieht (vgl. §§ 42; 53-55; 125; 235-237). Ersatz des Duplum gilt dort, wo Schaden zugefügt wurde in der Absicht, sich einen Vorteil zu verschaffen, so durch die Aneignung eines Depositums (§§ 124-126). Aus der intergentalen Streitschlichtung in Israel, die auf die Akzeptanz durch die Rechtsparteien angewiesen ist, die den Urteilsspruch also nur als Streitschlichtungsvorschlag kennt, werden bei Konflikten aufgrund von gemeinschaftszerstörenden Normenverletzungen wie Diebstahl Strafverfahren ausgegliedert, für die nicht mehr die Zustimmung der Konfliktpartner, sondern die im Gericht repräsentierte Autorität der Gemeinschaft zur Durchsetzung der Sanktion konstitutiv ist. In der Ausdifferenzierung von intergentalem Konfliktregelungs- und Sanktionsrecht wird der Übergang von einem horizontalen zu einem vertikalen Rechtssystem deutlich.[75] Die örtliche Rechtsgemeinde nimmt mit Hilfe des kasuistischen Rechts sowohl eine Konflikte regelnde, als auch eine Vergehen sanktionierende Rechtsfunktion wahr. Die redaktionelle Struktur der *ješallem*-Sammlung in Ex XXI 33-XXII 14 reagiert also in der Zusammenbindung von konfliktregelnden Ersatzleistungsgesetzen und Sanktionsgesetzen auf die in der überlieferungsgeschichtlichen Analyse deutlich gewordene Ausdifferenzierung von Rechtssätzen innerhalb des kasuistischen Rechts. Die Konfliktregelungs- und Sanktionsfunktionen des Ortsgerichtes sollen zusammengehalten werden. Die Redaktion der Sammlung Ex XXI 33-XXII 14 ist also Reaktion auf die Funktionsdifferenzierung innerhalb des kasuistischen Rechts.

Die Sammlung der *ješallem*-Gesetze und die ihr vorgegebenen Sammlungen geben den Blick frei auf die Anlässe, die zur Verschriftung und Kodifizierung gerade dieser Rechtssätze geführt haben. Auszugehen ist von dem für alle vorneuzeitliche Gesetzgebung gültigen Grundsatz, daß nur die Rechtssätze fixiert wurden, für deren Fixierung besondere Veranlassung vorlag. Diese besonderen Veranlassungen sind aufzuspüren. Warum also wurden gerade Rechtssätze zum Depositenrecht, zur Flurschädigung oder Schädigung fremden Viehbestandes fixiert, Rechtsfälle also, die im Spektrum der Konfliktmöglichkeiten bäuerlicher Familien, aus deren Lebenswelt diese Rechtssätze stammen, eher am Rande stehen? Der Eindruck des Willkürlichen in der Fixierung gerade dieser Rechtssätze wird überwunden, wenn nach dem sie Verbindenden gefragt wird. In den Vieh- und Flurschädigungsgesetzen wie im Depositenrecht geht es um Fälle, in denen die Verantwortlichkeit und also die Ersatzleistungspflicht des Schädigers besonders schwer von Fällen höherer Gewalt,[76] die von der Ersatzleistungspflicht befreit, zu unterscheiden sind. In diesen Fällen sind die Gründe für Forderung nach Ersatz und

Befreiung von dieser Forderung aufgrund einer höheren Gewalt besonders schwer gegeneinander abzugrenzen. Ein lokales Gericht tut sich also in diesen Fällen schwer, eine von beiden Seiten akzeptierte Entscheidung zu treffen. Die Rechtsauseinandersetzungen können besonders konfliktreich und langwierig werden. Eine Gesetzgebung, die justitiable Kriterien für den Rechtsentscheid fixiert, läßt Konflikte im Verfahren vermeiden, kürzt insgesamt das Verfahren ab und gibt größere Rechtssicherheit.

Ganz anders gelagert ist die besondere Veranlassung, die zur Fixierung der Diebstahlsgesetze geführt hat. Diese Rechtssätze gehen von der eindeutigen Aufklärung des Tatbestands aus. Die Verantwortlichkeit des Schädigers festzustellen, ist gerade nicht das in diesen Rechtssätzen gestellte Problem. Vielmehr geht es in diesen Sätzen um die Regelung und Einschärfung der Sanktionen. Die Fixierung der Diebstahlsgesetze unterstreicht ihre den Diebstahl durch die Sanktionsandrohung verhindernde Wirkung. Die besondere Veranlassung ist nicht mehr die der Erleichterung der Konfliktregulierung, sondern die der Durchsetzung des Strafrechts zur Verhinderung gemeinschaftsschädigenden Verhaltens. Die Sammlung der $j^e\check{s}allem$-Gesetze schließlich hat Anlaß zur Kodifizierung in der Intention, ausdifferenziertes Konfliktregelungs- und Sanktionsrecht als Rechte einer Rechtsinstitution zusammenzuhalten.

4.2. Die Sammlung der Körperverletzungsfälle (Ex XXI 18-32)

4.2.1 *Strukturanalyse der Sammlung Ex XXI 18-32*

Die Gesetze von Fällen der Körperverletzung mit und ohne Todesfolge in Ex XXI 18f./20f./22-25/26f./28-32 bilden jeweils die Protasis mit Verben des Schlagens und Stoßens, die als terminologische Klammer dienen:

Ex XXI 18	$w^ehikkā$
Ex XXI 20	$w^ekî\ jăkkǣ$
Ex XXI 22	$w^enag^epû$
Ex XXI 26	$w^ekî\ jăkkǣ$
Ex XXI 27	$w^e\mathord{\char"02BE}im…\ jăppîl$
Ex XXI 28	$w^ekî\ jiggăḥ$
Ex XXI 29	$w^e\mathord{\char"02BE}im…\ năggaḥ$
Ex XXI 31	$\mathord{\char"02BE}ô…jiggăḥ\ \mathord{\char"02BE}ô…jiggăḥ$
Ex XXI 32	$\mathord{\char"02BE}im…jiggăḥ$

Ex XXI 18f. regelt den Konflikt zwischen freien israelitischen Männern ($\mathord{\char"02BE}îš/re^\mathord{\char"02BF}ehû$) aus unterschiedlichen Familien einer Rechtsgemeinde im Falle einer im Streit zugefügten Körperverletzung *(kî jᵉrîbun ᵃnašîm)* durch die Festsetzung der Ersatzleistungen. Über die Regelung der Ersatzleistung hinaus enthält das Gesetz die nur unter strafrechtlichem Gesichtspunkt relevante Unschuldsfeststellung *wᵉniqqā hămmăkkāē*. Bezogen auf diese Feststellung der Unschuld gewinnt die Überlebensfeststellung *wᵉloʾ jamût* ihre Funktion. Durch diese strafrechtliche Unschuldsfeststellung wird die Körperverletzung vom Sanktionsrecht, das in Ex XXI 12 den entsprechenden Fall mit Todesfolge formuliert *(măkkē ʾîš wamet môt jûmat)*, abgegrenzt.

Ex XXI 20f. ist als Strafrechtsbestimmung durch die Parallelität der Formulierung auf Ex XXI 18f. als Ersatzleistungsbestimmung bezogen und in diesem Bezug abgegrenzt:
*hikkā ʾîš ʾaet reᶜehû... wᵉloᶜ jamût... wᵉniqqā
jakkāē ʾîš ʾaet ᶜăbdô... umet naqom jinnaqem.*[77]
Der Schutz der Todessanktion wird im Falle der unmittelbaren, also als beabsichtigt zu unterstellenden Todesfolge *(umet tăhăt jadô)* auf den Sklaven ausgedehnt. Der Fall der unabsichtlichen Tötung eines Sklaven wird dagegen von Todessanktion und Ersatzleistung ausgenommen.

Ex XXI 22-25 weitet den Schutz der Todessanktion bei Tötungsdelikt auf die israelitische Frau aus und grenzt gleichzeitig den Geltungsbereich der Todessanktion ein, indem das ungeborene Leben dem Konfliktregelungsrecht zugeordnet wird. Die Unterstellung der Frau unter den Schutz der in Ex XXI 12 für den freien Mann formulierten Todessanktion wird durch die talionische Formulierung *wᵉnatăttā naepaeš tăhăt naepaeš* in Ex XXI 23b unterstrichen.

Ex XXI 26f.zeigt die feste Verankerung von Ex XXI 24f. in der Sammlung. So grenzt Ex XXI 26f. den Sklaven von einer Anwendung der talionischen Regel in Ex XXI 24 aus und definiert die bleibende Körperverletzung des Sklaven als Fall der zivilrechtlichen Ersatzleistung. Im sprachlichen Anklang an die talionische Regel wird aber an deren Funktion des Rechtsschutzes als auch für den Sklaven nicht völlig ungültig erinnert. Über das Keilschriftrecht hinausgehend soll der bleibend geschädigte Sklave Ersatzleistung in Form der Freilassung erhalten.

Auch in Ex XXI 28-32 geht es um die Ausgrenzung von der Todessanktion in Fällen, in denen die Aufsichtspflicht nicht schuldhaft verletzt wurde. War das Verhalten des stößigen Tieres nicht vorhersehbar, so bleibt der Besitzer des Tieres schuldfrei. Im Falle schuldhafter Fahrlässigkeit unterliegt er strafrechtlich der Todessanktion. Ex XXI 30 schließt einen Unterfall an, der die Auslösung des der Todessanktion unterworfenen Lebens durch ein Lösegeld *(pidjon năpšô)* ermöglicht. In diesem Falle der mit dem Tier konkurrierenden Schuld,[78] das auf jeden Fall getötet werden muß, kann die Strafrechtsbestimmung durch eine Ablösesumme zugunsten der geschädigten Familie abgegolten werden.[79] Ex XXI 29.31 schließt Frau und Kinder eines freien Israeliten in den Schutz der Sanktionsandrohung ein. Ex XXI 32 schließlich grenzt den Sklaven von diesem Schutz aus. Die Gesetzessammlung Ex XXI 18-32 interpretiert die talionische Regel Ex XXI 23-25 durch die Abrenzung von Fällen ihrer Anwendung von solchen der Nichtanwendung. Die Todessanktion gemäß Ex XXI 23b wird auf die willentliche oder schuldhaft in Kauf genommene Tötung eines Sklaven (Ex XXI 20) und einer israelitischen Frau als Folge eines Streits unter Männern (Ex XXI 23-25) sowie die vorwerfbare Tötung durch ein Tier ausgedehnt. Die übrigen Fälle werden der Ersatzregelung zugewiesen und also von einer talionischen Sanktion ausgeschlossen. Unter diese ersatzrechtlich zu regelnden Fälle wird die unabsichtliche Tötung des Sklaven (Ex XXI 21), die Verursachung einer Fehlgeburt (Ex XXI 22) sowie die Tötung eines Sklaven durch ein Tier (Ex XXI 32) gerechnet. Die irreparable Zerstörung von Auge und Zahn eines Sklaven bzw. einer Sklavin wird ausdrücklich von einer talionischen Sanktion nach Ex XXI 24 ausgenommen wie auch die soweit zu kurierende Verletzung eines israelitischen Mannes, daß er wieder gehen und also arbeiten kann. Die talionische Regel wird auf einige Fälle der Todessanktion eingeschränkt, die die apodiktischen Todesrechtssätze bislang nicht erfaßten. Völlig ausgeschlossen wird eine talionische Sanktion von Körperverletzungen. Wie im Keilschriftrecht soll die talionische Regel Strafrechtsfälle von zivilrechtlichen Konfliktregulierungen abgrenzen. Dieser Aspekt der Abgrenzung von Straf- und Zivilrecht in Fällen von Körperverletzungen mit und ohne Todesfolge prägt die redaktionelle Struktur der Sammlung:

	Delikt	Rechtsfolge	Gesetzesart
Ex XXI 18f.	Körperverletzung	Nichtanwendung des Strafrechts Ersatzleistung	——— Zivilrecht
Ex XXI 20	absichtl. Tötung eines Sklaven	Todessanktion	Strafrecht
Ex XXI 21	unabsichtl. Tötung eines Sklaven	Nichtanwendung des Strafrechts	———
Ex XXI 22	Verursachung einer Fehlgeburt	Ersatzleistung	Zivilrecht
Ex XXI 23-25	Tötung einer israelitischen Frau	Todessanktion	Strafrecht
Ex XXI 26f.	Körperverletzung eines Sklaven	Ersatzleistung	Zivilrecht

Ex XXI 28-32	unverschuldete Tötung	Nichtanwendung des Strafrechts	─────
	verschuldete Tötung von israelit. Mann/Frau/Kind	Todessanktion (Auslösung)	Strafrecht
	verschuldete Tötung eines Sklaven	Ersatzleistung	Zivilrecht

Die Struktur der Sammlung ähnelt in der alternierenden Anordnung von Zivil- und Strafrecht der der j^{e}šallem-Gesetze. Deutlicher aber als in Ex XXI 33-XXII 14 zeigt sich in Ex XXI 18-32 der „Sitz im Leben" dieser Gesetze in der lokalen Gerichtsinstitution. Ex XXI 20f. 28f. verlangt eine Tatbestandserhebung durch Zeugenbefragung als Voraussetzung einer Entscheidung über Anwendung oder Nichtanwendung des Strafrechts. Die Objektivierung der von einem Geschädigten auferlegten Ersatzleistung (w^{e}natan biplilîm; Ex XXI 22)[80] wird wie die Substitution strafrechtlicher Sanktion (Ex XXI 30) am ehesten in einem gerichtlichen Verfahren vollzogen.[81] Wie bereits in Ex XXI 33-XXII 14 erkennbar, sollen konfliktregulierende und sanktionierende Rechtsfunktionen des Torgerichtes durch die redaktionelle Strukturierung zusammengebunden werden. Dem liegt ein komplexes Ineinandergreifen von Sanktions- und Zivilrecht zugrunde. Dieser Rechtssystematik der Sammlung fügt sich die Tendenz der Redaktion ein, den strafrechtlichen Schutz der Todessanktion auf israelitische Frauen, Kinder und Sklaven auszudehnen und gegen Ersatzleistungstatbestände abzugrenzen. Dieser Aspekt wird in der Redaktion so stark zur Geltung gebracht, daß Gesetze, die freie Israeliten einerseits und Sklaven andererseits betreffen, alternierend angeordnet werden:

Ex XXI 18f.	isr. Mann
Ex XXI 20f.	Sklave/-in
Ex XXI 22-25	isr. Frau
Ex XXI 26f.	Sklave/in
Ex XXI 28-31	isr. Mann/Frau/Kind
Ex XXI 32	Sklave/-in

In der Intregation von Frauen, Kindern und Sklaven in den Schutz des Sanktionsrechtes prägt sich eine Tendenz zur Rechtsgleichheit im Schutze des Lebens aus.[82] In Ex XXI 18-32 ist eine nach vorn und hinten abgrenzende, zu einer geschlossenen Rechtssammlung zusammenbindende Redaktionsstruktur erkennbar geworden. Daraus ist zu schließen, daß die Sammlung ähnlich wie die der j^{e}šallem-Gesetze ursprünglich selbständig überliefert wurde und der Redaktion der Sammlung Ex XXI 2-XXII 26 vorgegeben war.

4.2.2 Überlieferungsgeschichtliche Analyse zu Ex XXI 18-32

Die talionische Regel in Ex XXI 23b-25 ist rechtssystematisches Zentrum der Sammlung Ex XXI 18-32, die ihre Logik der Zusammenordnung der Rechtsfälle aus der Abgrenzung der Fälle strafrechtlicher Todessanktion von solchen zivilrechtlicher Ersatzleistung gewinnt. Die Einbringung der talionischen Regel in den jetzigen Kontext im Zuge der Redaktion der Sammlung ist exegetisch noch rekonstruierbar:

Die in Ex XXI 24f. aufgezählten Fälle sind nicht unter den Begriff ᵓasôn (V. 23a) zu subsumieren,[83] so daß eine Nahtstelle zwischen V. 23 und V. 24 erkennbar wird. Der Personenwechsel zwischen V. 23a und V. 23b ist wiederholt als Argument für eine Abtrennung von Ex XXI 23b von Ex XXI 22.23a genommen worden. Die Formulierung in der 2. Pers. ist kein ausreichendes, sich auf die Gattungsmerkmale des kasuistischen Rechtes berufendes Argument,[84] nachdem H. W. Gilmer[85] Rechtssätze, deren Protasis in der 3. Pers. und Apodosis in der 2. Pers. formuliert sind (u.a. Dtn XVII 8-13; XIX 16-21; XXI 22f.) als eigenständige Form erweisen konnte. Die Verbindung des Syntagmas x tāḥāt x mit wᵉnātāttā hat in keilschriftlichen Rechtssätzen in der Verbindung x kīma x mit nadānu(m) eine Parallele. Ex XXI 23b ist also die von Ex XXI 23a als Protasis geforderte Apodosis, die nicht zugunsten einer nur hypothetisch rekonstruierbaren Apodosis abgetrennt werden sollte. Die talionische Formulierung naepaeš tāḥāt naepaeš ist also in Verbindung mit Ex XXI 22.23a in den Kontext der Rechtssammlung Ex XXI 18-32 eingebracht und sekundär durch Ex XXI 24f. erweitert worden.[86]

Das Sklavengesetz Ex XXI 26f. ist insbesondere durch die Schlußformel tāḥāt ᶜênô/tāḥāt šinnô auf Ex XXI 24 bezogen formuliert[87] und also wie Ex XXI 24f. nicht ursprünglich in seinem Kontext. Eben dies gilt auch für Ex XXI 20f. A. Jepsen[88] hat durch umfangreiche Umstellungen eine Abfolge der Tatbestände von Mord, Körperverletzung und Verlust der Leibesfrucht (Ex XXI 12 [13-17].20f.18f.23-25.26f.22f.) als ursprünglich rekonstruiert, wobei in den beiden ersten Fällen zwischen Freien und Sklaven unterschieden sei. Die Umstellung aber schafft mehr Probleme als sie löst. wᵉloᵓ jihjāē ᵓasôn in Ex XXI 22 hinge ohne Fortsetzung in der Luft. Wenn einige Kommentatoren[89] Ex XXI 18-27 über die Umstellung von Ex XXII 23-25 hinaus dadurch glätten, daß sie Ex XXI 20f. mit Ex XXI 26f. sowie Ex XXI 18f. mit Ex XXI 22f. zusammenstellen, so ist die Umstellung eine methodisch falsche Schlußfolgerung aus der richtigen Beobachtung des engen Zusammenhangs zwischen V. 18f. und V. 22f. sowie V. 20f. und V. 26f. Die Protaseis in Ex XXI 18 und Ex XXI 22 sind parallel formuliert (wᵉkî jᵉrîbun ᵓanašîm/wᵉkî jinnaṣû ᵓanašîm). Die Gesetzesregelungen bei Verletzung eines Mannes und einer schwangeren Frau werden dadurch zusammengebunden. Ebenso auffällig ist die Parallelität zwischen Ex XXI 20 und Ex XXI 26 (w^{e}kî jăkkāē ᵓîš ᵓaet ᶜăbdô ᵓô ᵓaet ᵓ^{a}matô/w^{e}kî jakkāē ᵓîš ᵓaet ᶜên ᶜăbdô ᵓô ᵓaet ᶜên ᵓ^{a}matô) wie der gemeinsame Bezug auf die von der Redaktion eingebrachte talionische Regel.[90] Der Redaktion vorgegeben waren die beiden Gesetze Ex XXI 18f. und Ex XXI 22f., die durch Ex XXI 20f.24-27 erweitert wurden.

Die Gesetze XXI 18f.22f. zeigen noch Spuren einer der Redaktion vorausliegenden Überlieferungsgeschichte. Ex XXI 22fin w^{e}natăn biplilîm schränkt die voranstehende Rechtsfolgebestimmung ein und bindet sie an die Gerichtsinstitution. In diese Richtung weist auch die Form des Rechtssatzes Ex XXI 22f. mit der Apodosis in der 2. Pers. Sing. Die häufige Verbindung dieser Form mit prozeßrechtlichen Themen zeigt ihre Funktion in der Rechtsbelehrung.[91] Mit der Formänderung des reinen kasuistischen Rechts zur kasuistisch-anredenden Rechtsbelehrung verbunden ist die Integration der Todessanktion in das kasuistische Recht. Ex XXI 22* wurde durch Ex XXI 22fin (w^{e}natăn biplilîm). 23 erweitert. Recht und Gerichtsfunktion der reinen Konfliktregelung werden um die Straffunktion erweitert. Die Redaktion der Sammlung Ex XXI 18-32 reagiert in der notwendig werdenden Abgrenzung von Straf- und Ersatzleistungsrecht auf diese Entwicklung.

Diese rechtshistorische Entwicklung spiegelt sich auch in dem zweiten, in der Sammlung Ex XXI 18-32 wohl geschlossen übernommenen Zusammenhang Ex XXI 28-32. Ex XXI 35f. entsprechend sind die beiden aufeinander bezogenen Hauptfälle in Ex XXI 28f. überlieferungsgeschichtlicher Kern, der sukzessive erweitert wurde. Die Todessanktion wird in eine kasuistische Formulierung eingebunden, die ihren historischen Ort im Ortsgericht hat. Die in Ex XXI 28f. erforderliche Erhebung des Tatbestands bedarf der Zeugenbefragung und zielt auf Rechtsentscheid. In Ex XXI 30.32 werden zwei Einschränkungen von Ex XXI 29 nachgetragen. Ex XXI 30 hebt die Unabdingbarkeit der Todessanktion durch die Auslösung auf. Ex XXI 32 grenzt den Sklaven aus dem Schutzbereich der Todessanktion aus. Ex XXI 32 unterscheidet sich von Ex XXI 20f.26f. darin, daß es in Ex XXI 32 um die Sicherung der Vermögensinteressen des Sklavenherrn, in Ex XXI 20f.26 aber um die Sicherung der Schutzrechte des Sklaven gegen die Besitzrechte des Sklavenherrn geht. Diese sehr unterschiedlichen Rechtsintentionen deuten darauf hin, daß Ex XXI 32 nicht Teil der Redaktionsschicht Ex XXI 20f.24-27 war.[92] Wie Ex XXI 32 ist auch Ex XXI 31 überlieferungsgeschichtlicher Zuwachs zu Ex XXI 28f.[93] Auffällig ist der Anschluß mit ᵓô sowie kammišpaṭ als Bezeichnung eines kasuistischen Rechtssatzes,[94] die ihre nächsten Parallelen im priesterlichen Kontext (Lev V 10; IX 16; Num XV 24 u.ö.) hat. Die Einfügung von Ex XXI 31 ist durch das Nebeneinander von ʾîš und ʾîšā in Ex XXI 28f. begründet, das Anlaß zur weiteren Ausdehnung des Schutzbereiches des Gesetzes geben konnte.[95]

4.2.3 Rechtshistorische Entwicklungen in der Sammlung der Körperverletzungsfälle

In der Überlieferungsgeschichte der Sammlung Ex XXI 18-32 schlägt sich eine lange Entwicklung israelitischer Rechtsgeschichte nieder. Die beiden Gesetze Ex XXI 18f. 22 sind als kasuistisch formulierte Ersatzleistungsgesetze Kernüberlieferungen, die die ursprüngliche Funktion des kasuistischen Rechts als Konfliktregelungsrecht der Ortsgerichtsbarkeit bewahrt haben. Mit der Erweiterung von Ex XXI 22* durch Ex XXI 23 als Apodosis wird die Körperverletzung mit Todesfolge einer schwangeren Frau als Fall der Todessanktion in das kasuistische Recht einbezogen und zum Kasus der Ortsgerichtsbarkeit, die also über die Konfliktregelungsfunktion hinaus Sanktionsfunktion erhält. Diese Entwicklung hat sich auch in Ex XXI 28f. niedergeschlagen und ist auch im Rahmen der Sammlung Ex XXI 33-Ex XXII 14 mit der Integration von Ex XXII 1.2a in kasuistischen Kontext erkennbar.

Die Einbeziehung der Sklavengesetze reagiert auf die zunehmende soziale Differenzierung der israelitischen Rechtsgemeinde. Das Absinken von Teilen der israelitischen Bauernschaft in den Sklavenstatus wird zu einer Herausforderung der Rechtsgemeinschaft, auf die die Redaktionsschicht der Sammlung mit der Einarbeitung von Ex XXI 20f.26f. antwortet, von Gesetzen also, die Besitzrechte an Sklaven einschränken und die Rechte der Sklaven stärken wollen. Diese Gesetze haben keine Entsprechung im Keilschriftrecht. In diesen Rechtssätzen wird ein weiterer Schritt in der Funktionsdifferenzierung der lokalen Gerichtsinstitution erkennbar. Die aus tribaler Gesellschaftsstruktur stammende Funktion der Konfliktregulierung zwischen gleichberechtigten Segmenten der Rechtsgemeinde wird zu einer vertikalen Konfliktregelung im sozialen Differenzierungsprozeß staatlicher Zeit, die die Rechte der Schwächsten gegen die Starken schützt.

Mit Ex XXI 20f.26f. wurden die talionischen Regeln Ex XXI 24f. eingefügt, um die Fälle kompensatorischer Regelung von Körperverletzungen von solchen talionischer Regulierung abzugrenzen und diese auf einige bislang vom apodiktischen Recht nicht erfaßte Tötungsfälle zu begrenzen. Die Redaktion der Sammlung Ex XXI 18-32 widerspricht der sich in Lev XXIV 17-21 niederschlagenden priesterlichen Tendenz[96] weit gefaßter Motivik talionischer Regelungen. Dieser überlieferungsgeschichtliche Befund zeigt, daß die talionische Regelung erst spät mit der Ortsgerichtbarkeit verbunden und als Sanktionsregelung par excellence durch das kasuistische Konfliktregelungsrecht eingegrenzt wurde. Die sich in Lev XXIV 17-21 niederschlagende ungebrochene Gültigkeit als Ideologem priesterlicher Kreise deutet darauf hin, daß die talionische Regelung von dort in die lokale Gerichtsbarkeit Eingang fand, als diese zunehmend Sanktionsfunktion übernahm.[97]

4.3. Die Sammlung der apodiktischen Gesetze in Ex XXI 12-17 und Ex XXII 17-19a

4.3.1. *Strukturanalyse zu Ex XXI 12-17 und Ex XXII 17-19a*

Der Akzent der folgenden Analyse soll zunächst nicht auf dem oft wiederholten Versuch der Rekonstruktion einer der jetzigen Überlieferungsgestalt vorausliegenden Reihenbildung apodiktischer Rechtssätze liegen, sondern auf der Erfassung der redaktionellen Struktur der vorliegenden Zusammenordnung von Sätzen des Todesrechts:

Ex XXI 12	*măkkē*		*ʾîš*
Ex XXI 15	*măkkē*		*ʾabîw weʾimmô*
Ex XXI 16		*goneb*	*îš*
Ex XXI 17	*meqăllel*		*ʾabîw weʾimmô*

In Ex XXI 12-17 hat die Redaktion durch die Parallelisierung von Ex XXI 12 mit Ex XXI 15 sowie durch den Wechsel von *ʾîš* mit *ʾabîw weʾimmô* als deliktgeschädigte Personen eine Struktur geschaffen. Sie gewinnt Gestalt auf dem Hintergrund der Ausdifferenzierung eines die Familiengrenzen überschreitenden *môt jûmat*-Rechts aus dem apodiktischen Recht als Grenzrecht der Familie. Das Verbot der Gewalt gegen Eltern hat Ort und Funktion in der Familie.[98] Die Rechtssätze Ex XXI 12-14 und Ex XXI 16 gehören in einen überfamiliaren Rechtskontext. In Ex XXI 14 geht es um die Familiengrenzen überschreitende Bluttat. Das Opfer ist *reʿehû* des Täters *(ʾîš)*.[99] Auf diese Ausdifferenzierung im *môt jûmat*-Recht reagierend parallelisiert die Redaktion familiengebundenes Grenzrecht bis in die Angleichung der Formulierungen hinein mit dem überfamiliaren Strafrecht in einer Struktur alternierender Abfolge:

Ex XXI 12-14	intergentales Strafrecht
Ex XXI 15	innergentales Grenzrecht
Ex XXI 16	intergentales Strafrecht
Ex XXI 17	innergentales Grenzrecht

Die redaktionelle Zusammenfassung von Rechtssätzen unterschiedlicher Rechtskreise hat sich bislang als eine Funktion der Rationalisierung und Vereinheitlichung als Reaktion auf einen Prozeß der Ausdifferenzierung des Rechts gezeigt. Das gilt auch für das apodiktische Recht in Ex

XXI 12-17. In Dtn XXI 18-21 ist der Prozeß der Abwanderung des apodiktischen Rechts aus der Familie noch weiter vorangeschritten. Die lokale Rechtsgemeinde sanktioniert die Pflichtverletzung des Sohnes gegen die Eltern, nicht mehr der pater familias. Der sich in Ex XXI 12-17 abzeichnende Prozeß der Auswanderung des Todesrechts aus der Familie hat sich also durchgesetzt. Die geschlossene Struktur grenzt Ex XXI 12-17 als Einheit nach vorn und hinten ab.

Die Reihe Ex XXII 17-19a hat an dieser Struktur keinen Anteil. Die Abfolge der verbrechensgeschädigten Personen (ʾiš / ʾabîw weʾimmô), die in Ex XXI 12-17 die redaktionelle Struktur bestimmt, wird in Ex XXII 17-19a nicht fortgesetzt. Die Rechtssätze in Ex XXII 17-19a sind also zunächst unabhängig von Ex XXI 12-17 zu analysieren. Zwei sakralrechtliche Tabuvorschriften (Ex XXII 17.19a) rahmen ein Gesetz der sexualstrafrechtlichen šakāb-Gesetze mit der môt jûmat-Formel, so daß hier ein A-B-A-Schema erkennbar ist.[100] Diese Struktur ist kaum zufällig, wird doch die Intention erkennbar, Sakralrecht und môt jûmat-Recht zusammenzubinden. Das disparate Material von Prohibitiv und Todesrechtsgesetzen mit unterschiedlichen Sanktionsformulierungen (Ex XXII 18.19a) läßt es fraglich erscheinen, ob diese kleine Reihe je selbständig überliefert worden war. Eher dürfte sie vom Redaktor der Gesetzessammlung Ex XXI 2-Ex XXII 26 als chiastische Entsprechung zu Ex XXI 12-17 zusammengefaßt und an diese Stelle im Rahmen der Struktur der Sammlung Ex XXI 2-XXII 26 gestellt worden sein.

4.3.2. Überlieferungsgeschichtliche Analyse zu Ex XXI 12-17

Die redaktionelle Struktur von Ex XXI 12-17 ist begründet in der Intention, das in familiares und überfamiliares Recht ausdifferenzierte môt jûmat-Recht zusammenzubinden. Diese Intention hat ihren rechtshistorischen Hintergrund in der Abwanderung von môt jûmat-Recht aus der Familie an die lokale Gerichtsinstitution. Die überlieferungsgeschichtliche Analyse bestätigt darin die Strukturanalyse. Das Tötungsverbot Ex XXI 12 hat seinen ursprünglichen „Sitz im Leben" in der Familie. Unabhängig von der Frage der Vorsätzlichkeit wird jede Tötung eines ʾiš in der Familie mit dem Tode sanktioniert. Der intergentale Tötungsfall wird dagegen durch die Institution der Blutrache erfaßt (2 Sam III 22f. u.ö.). Durch die formgeschichtlich sich von Ex XXI 12 abhebende überlieferungsgeschichtliche Erweiterung in Ex XXI 13f.[101] wird der Gesamtzusammenhang Ex XXI 12-14 in intergentalen Rechtskontext eingebracht und an die Institution des Ortsgerichts gebunden. Die in Ex XXI 13f. eingeführte Tatbestandsdifferenzierung hat ein Verfahren zur Tatbestandserhebung zur Voraussetzung, in dem durch Anhörung von Zeugen festgestellt wird, ob eine Bluttat vorsätzlich geschah oder nicht. Die

Nähe zu kasuistischer Rechtsformulierung in Ex XXI 13f. sowie die direkte Anrede der für die Rechtsdurchsetzung Verantwortlichen[102] verdeutlichen das Ortsgericht als ,,Sitz im Leben'' von Ex XXI 12-14. Wird die Ahndung des Tötungsdelikts an das Ortsgericht verlegt, so muß es auch zu einer Verbindung mit der Blutracheinstitution als intergentaler Sanktionsinstitution kommen. Solange die Ortsgerichtsbarkeit auf die Funktion einer intergentalen Konfliktregulierung beschränkt war, gab es keine Überschneidung zwischen Ortsgerichtsbarkeit und Blutracheinstitution. Erst als die Ortsgerichtsbarkeit Sanktionsfunktion übernahm, mußte das Verhältnis der beiden Rechtsinstitutionen geregelt werden. Dies wird in der vordtr Überlieferung Dtn XIX 6.12aαb[103] geleistet. In Dtn XIX 2-7. 11-12 hat sich vordtr die rechtshistorische Weiterentwicklung von Ex XXI 13f. niedergeschlagen. Die Körperverletzung mit Todesfolge wird in Dtn XIX 4.11f. anders als in Ex XXI 13f. justitiabel: Ex XXI 13f. verlangt den Erweis der höheren Gewalt *(w^{e}ha$^{\,}$ælohîm $^{\,}$innā l^{e}jadô)*. Die offene Formulierung läßt in Art und Bewertung des Zeugnisses großen Spielraum,[104] verlangt aber unmittelbares Zeugnis der Tat. In Dtn XIX 4 kann sich das Zeugnis auch auf das Verhältnis zwischen Täter und Opfer beziehen und der Erweis der Absichtsfreiheit durch den Nachweis erbracht werden, daß von einer Feindschaft zwischen den beiden nichts bekannt sei *(w^{e}hû lo$^{\,}$ śone$^{\,}$ lô mitt^{e}mol šilšom)*. Dtn XIX 5 lenkt als Nachinterpretation von Dtn XIX 4 wieder auf Ex XXI 13f. zurück und versucht durch paradigmatische Fallbeschreibung zwischen Mord und Körperverletzung mit Todesfolge zu differenzieren.[105]

Mit der Anbindung von Ex XXI 12 an das Ortsgericht wird die Familie der Aufgabe enthoben, innerfamiliäre Bluttaten zu sanktionieren. Durch die Überführung des *môt jûmat*-Rechts an eine zu verfahrensgeregelter Tatbestandsaufklärung fähigen Institution wird die Ablösung der undifferenzierten Erfolgshaftung und die Einschränkung der mit dem Tode zu bestrafenden Tötung auf den absichtlichen Mord innerhalb der Familie und ebenso die Einschränkung der Institution der Blutrache durch ein Asylrecht möglich. Voraussetzung ist eine Tatbestandsdifferenzierung.[106]

Die Abwanderung ursprünglich familiaren Rechts aus der Familie zeigt auch die Zufügung von *w^{e}nimṣa$^{\,}$ b^{e}jadô* in Ex XXI 16.[107] Die vordtr Überlieferung Dtn XXI 18-20b.21a bindet schließlich explizit das Elterngebot an das Ortsgericht. Die Tendenz in Ex XXI 12-17, strafrechtliche Funktionen, die ihren ursprünglichen Ort in der Familie hatten, an das Ortsgericht zu verlagern, verbindet diese Sammlung mit der in Ex XXI 18-32. Werden in Ex XXI 12-17 Todesrechtsfälle als Fälle der Ortsgerichtsbarkeit geregelt, so werden in Ex XXI 18-32 Grenzfälle der Anwendung von Todesrecht oder Konfliktregelungsrecht geregelt. Die

Bindung der Todessanktion an die Ortsgerichtsbarkeit ist die rechtshistorische Voraussetzung für die Redaktion der Sammlung Ex XXI 18-32.

Über die Anbindung an die Ortsgerichtsbarkeit hinaus wird in Ex XXI 13f. auch eine Beziehung zum Ortsheiligtum hergestellt. Dies zeigt nicht nur das Motiv des Heiligtums als Asyl, sondern vor allem die Einführung JHWHs als anredendes Subjekt in Ex XXI 13b.14b. Die Öffnung des Heiligtums als Asylort ist nicht die Möglichkeit der Ortsgerichtsinstitution, sondern kann nur mit der Berufung auf JHWH begründet werden. Hier wird eine Bindung und Grenzziehung zwischen Kult und Ortsgericht im Rechtsgeschehen erkennbar, die ähnlich bereits in der Sammlung der *ješallem*-Gesetze in Ex XXI 33-XXII 14 erkennbar war. War einmal diese Verbindung zwischen Ortsgericht und Kult hergestellt, so war es schließlich ein konsequenter Schritt, profanes und sakrales Todesrecht in Ex XXI 12-17; XXII 17-19a zusammenzubinden. Der Übergang des Todesrechts von der Familie auf die Ortsgerichtsbarkeit führt zu einer Rationalisierung des Rechts in komplexem Rechtsfindungsprozeß und also zu einer Ablösung der undifferenzierten Erfolgshaftung zugunsten einer Schuldhaftung. Die Rationalisierung von Recht durch Verfahren wirkt auch auf die kultische Asylfunktion[108] rationalisierend. Durch die Anbindung des kultischen Asyls, das eine gerichtliche Tatbestandsklärung zur Voraussetzung hat, wird eine einlinig magische Funktion und Begründung des Asyls durchbrochen.[109]

4.4. Die Sammlung des Sklavenrechts in Ex XXI 2-11

4.4.1. *Strukturanalyse der Sammlung Ex XXI 2-11*

Die Redaktion der Sklavengesetze Ex XXI 2-11 unterscheidet sich einschneidend von den bisher analysierten Sammlungen. Zwei gleichgebaute Gesetze des Sklavenrechts in Ex XXI 2-6 und Ex XXI 7-11 mit jeweils drei folgenden Unterfällen und einer Negierung im je letzten Unterfall[110] wurden zusammengefügt. Diese einfache, keilschriftlichen Rechtskorpora ähnliche Redaktionstechnik[111] ist möglich, weil es sich hier um die Zusammenstellung von thematisch identischen Rechtssätzen handelt, und also auf eine Zusammenbindung unterschiedlicher Rechte durch eine komplexe redaktionelle Strukturierung verzichtet werden konnte.

Der Eingang von V. 2 steht mit der Anrede der Sklavenbesitzer in Spannung zur folgenden Gesetzgebung. Der Angeredete dürfte kaum ein Interesse haben, einen Sklaven zu erwerben, wenn er weiß, daß er ihn ohne Lösegeld nach einer gewissen Zeit wieder freizulassen hat.[112] Mit A. Alt[113] ist gegen A. Jepsen[114] festzuhalten, daß eine Transponierung von V. 2a in die 3. Pers. zu einem harten Subjektwechsel zwischen

Vorder- und Nachsatz führt. In Ex XXI 2a wurde tiefgreifender in den Text eingegriffen und eine noch in Dtn XV 12 erkennbare ursprüngliche Eröffnung umgearbeitet. Dann reicht als Erklärung kaum, der Du-Stil sei aus Ex XX 24ff. an dieser Stelle eingedrungen.[115] Durch Ex XXI 2aα wird die Sklavengesetzgebung stilistisch an die sozialen Schutzgesetze in Ex XXII 20-26* herangerückt. Der hier wie dort in direkter Rede angesprochene Adressat ist der jeweils wirtschaftlich und gesellschaftlich Starke, der auf sein Verhalten gegenüber dem Schwächeren angesprochen wird. Ist die vorgegebene Sklavengesetzgebung an den Freilassungsrechten der Sklaven orientiert, so wird durch die Umformung von Ex XXI 2 besonders eindringlich an das soziale Gewissen des Herrn gegenüber dem Sklaven appelliert[116] und damit auf Ex XXII 20-26 vorausgewiesen. Wird die vorliegende Sprachgestalt von Ex XXI 2 aus der Intention der Angleichung von Ex XXI 2-11 an Ex XXII 20-26* erklärt, so ist die Formulierung von Ex XXI 2aα auf den Redaktor der Sammlung Ex XXI 2-XXII 26 zurückzuführen, der dadurch die chiastische Struktur der Sammlung unterstrichen hat.

4.4.2. *Überlieferungsgeschichtliche Analyse zur Sammlung Ex XXI 2-11*

Aus Dtn XV 12 ist für Ex XXI 2 eine passivisch formulierte Einleitung „wenn ein ʿaebaed ʿibrî sich verkauft..." als der Redaktion vorgegeben zu erschließen. Das nur proleptisch zu verstehende ʿaebaed ʿibrî bleibt in dieser Rekonstruktion noch sperrig und geht wohl eher auf die redaktionelle Bearbeitung zurück, die damit Ex XXI 2-11 an die Aufzählung der *personae miserae* in Ex XXII 24f. heranführt.[117] So lautete die ursprüngliche Protasis *kî jimmaker ʾîš*.[118]

Die Ex XXI 2 zugrundeliegende antithetische 6/7-Struktur ist nicht von der durch diese Struktur charakterisierten Ruhetagsinstitution zu trennen.[119] Daraus aber ist keineswegs mit O. Loretz[120] auf eine nachexilische Datierung zu schließen. Zwar ist die Verbindung von Ruhetagsinstitution und Sabbat ein Spätling israelitischer Religionsgeschichte,[121] doch kann eine Datierung der Ruhetagsinstitution allein in nachexilische Zeit kaum gelingen.[122] Die im Ursprung kultische Zeitstruktur[123] will in der Aussonderung für JHWH die Herrschaft JHWHs über den Bereich der Aussonderung zur Sprache bringen.[124] Ex XXI 2 unterstellt also den Sklaven und seinen Herrn gleichermaßen JHWH und leitet daraus eine Begrenzung des Verfügungsrechts des Herrn über den Sklaven ab. Gottes Herrschaft wird zur Grenze der Herrschaft des Menschen über einen anderen Menschen. In Ex XXI 2 stoßen wir erstmals auf eine noch implizite theologische Rechtsbegründung.[125] Damit verbunden ist eine Erweiterung der Funktion kasuistischen Rechts. Neben die Funktion der ersatzrechtlichen Konfliktregelung und die sich daraus entwickelnde Sanktionsfunktion tritt mit Ex XXI 2-11.20f.26f. die Funktion der Sicherung der Schwachen gegen die Starken in der Gesellschaft.[126] Aus der horizontalen wird eine vertikale Konfliktregelung als Reaktion auf die soziale Differenzierung israelitischer Gesellschaft in staatlicher Zeit. In Ex XXI 2ff. fehlen Ersatzleistungs- und Sanktionsbestimmungen und also der für das bisher analysierte kasuistische Recht charakteristische Grundakt, eine geschehene Tat in ihren rechtlichen Konsequenzen zu bewerten. Ex XXI 2-11 geht einen Schritt über Ex XXI 20f.26f. darin hinaus, daß es nicht um die justitiable Regelung eines begrenzten Tatbestandes von Körperverletzung innerhalb des Sklavenrechts geht, sondern um eine prinzipielle Einschränkung des Verfügungsrechts über einen Sklaven. Rechtliche Konsequenzen aus einer Nichtbeachtung des Schutzrechtes werden nicht angedroht und liegen außerhalb des Blickwinkels. Ex XXI 2-11 enthält keine Rechtssätze im strengen Sinne, mit denen Rechtsfälle zu regeln wären. Vielmehr ist dieses Recht an Grundsätzen des sozialen Schutzes interessiert. Das kasuistische Recht als vertikales Konfliktregelungsrecht staatlicher Gesellschaft löst sich also von der lokalen Gerichtsinstitution und wird zum theologisch begründeten Schutzrecht für sozial Schwache. Die theologische Begründung deutet darauf, daß dieses Schutzrecht unter kultischem Einfluß formuliert wurde.[127] G. Robinson[128] ist mit gewichtigen Argumenten dafür eingetreten, $w^ehiggišô$ ^ªel $hāddaelaet$ $^ºô$ ^ºel $hāmm^ezûzā$ auf das Ortsheiligtum zu beziehen. Der Singular $m^ezûzā$ wird nur in Verbindung mit einem Heiligtum, in 1 Sam I 9 dem in Silo, in Jes LVII 8; Ez XLI 21; XLIII 8; XLV 19; XLVI 2 dem in Jerusalem gebraucht.[129] Ist Ex XXI 6aβ auf ein Heiligtum zu beziehen, so entfällt auch die Möglichkeit, Ex XXI 6aα auf eine Hausgottheit zu deuten oder Ex XXI 6aβ von Ex XXI 6aα zu trennen.[130] Bereits F. Schwally[131] hat darauf hingewiesen, daß die Deutung des ha-$^ºaelohîm$ von der Lokalisierung von $daelaet$ und $m^ezûzā$ abhänge. Eine Deutung nach dem Vorbild der Hausgötter in Nuzi[132] hat gegen sich, daß eine Parallele zu Ex XXI 6 in Nuzi fehlt.[133] Ex XXI 6aβ entsprechend ist also auch Ex XXI 6aα auf ein Ortsheiligtum zu deuten.[134] Ex XXI 5f. stellt einen expliziten Zusammenhang zwischen Sklavenrecht und Ortsheiligtum her, der auch in der impliziten theologischen Begründung in Ex XXI 2-4abα erkennbar ist. Zwischen Ex XXI 2-4abα und Ex XXI 5f. besteht ein deutliches überlieferungsgeschichtliches Gefälle. Ex XXI 4bβ ist im Rahmen des zweiten Unterfalles überflüssige Wiederaufnahme von Ex XXI 3, die nur als sekundäres Verbindungsstück zu Ex XXI 5f. eine Funktion hat. In diesem überlieferungsgeschichtlichen Gefälle gründet auch die Tendenz zunehmend expliziten Bezugs auf die kultische Sphäre.

Entwickelt sich unter theologischem Einfluß das kasuistische Recht zu einem sozialen Schutzrecht, so spiegelt sich darin die Reaktion der bäuerlichen Ortsgemeinde auf die zunehmende Verarmung der Landbauernschaft in der Königszeit, um den sozialen Schaden der zunehmenden sozialen Heterogenität als Folge der Hierarchisierung israelitischer Ökonomie zu begrenzen. Trat das Recht als soziales Schutzrecht in Gegensatz zum Gesellschaftsprozeß, so konnte die Gesellschaft nicht mehr die Ebene der Rechtsbegründung sein. Sie mußte vielmehr die Gesellschaft transzendierend in theologischem Horizont gefunden werden. Die Eintragung des kultischen 6/7-Schemas als Ausdruck der Unterstellung von Herren und Sklaven unter die Gottesherrschaft ist ein konsequenter Schritt. Löst sich das soziale Schutzrecht von direkter Justitiabilität und wird zur ethischen Grundsatzformulierung, so verliert es auch die institutionell gegründete Durchsetzungskraft in israelitischer Gesellschaft.[135] Dies wird in der weiteren Entwicklung ein Einfallstor des Gedankens göttlicher Sanktion werden.

Wie Ex XXI 5f. ist auch Ex XXI 7-11 auf Ex XXI 2-4 abα ausgerichtet. Mitte des ʾamā-Rechts ist Ex XXI 7b *(loʾ teṣeʾ keṣeʾt haʿabadîm)*. Bestimmt Ex XXI 7b, wie nicht zu verfahren sei, so tragen die folgenden Unterfälle nach, unter welchen Voraussetzungen die Entlassung einer ʾamā geschehen solle. Ex XXI 10 regelt die Rechte einer ʾamā als einer unter mehreren Frauen eines Mannes. Diese Bestimmung wird in die Freilassungsregelungen aufgenommen, weil sie als Voraussetzung für Ex XXI 11 notwendig ist. Im Falle, daß einer ʾamā die in Ex XXI 10 zugestandenen Rechte nicht gewährt werden, ist sie ohne Gegenleistung freizulassen.

Diese Sammlung ist als Entfaltung von Ex XXI 2 als Grundsatz gestaltet, um die Freilassungsmodi von ʿaebaed und ʾamā zu regeln. Ex XXI 2-4 abα ist überlieferungsgeschichtlicher Kern, an den Ex XXI 5f., die Verzichtsregelung, angefügt wurde. Ex XXI 7-11 wurde ebenfalls unter dem Gesichtspunkt der Entfaltung von Ex XXI 2 zusammengestellt und weitet den Schutz des ʿaebaed auf die ʾamā aus. Die Sammlung ist mit Gesetzesregelungen gestaltet, die auch im Keilschriftrecht belegt sind.[136] Doch gewinnt sie ihre Mitte in der theologisch in JHWHs Herrschaftsrecht begründeten Begrenzung der Herrschaft eines Herrn über ʿaebaed und ʾamā. Es wäre also eine Verkürzung, wollte man Ex XXI 2-11 als Sammlung profanen Sklavenrechts charakterisieren. Vielmehr zeigt sich im sozialen Schutzrecht der Schwächsten in israelitischer Gesellschaft der mit der Weiterentwicklung kasuistischen Rechts zum vertikalen Schutzrecht verbundene Ansatz einer Theologisierung.

4.5. Die sozialen Schutzbestimmungen in Ex XXII 20-26*

Ex XXII 20-26* ist mit Ex XXII 20aβb.21.23.24b so intensiv wie kein anderer Abschnitt des Bundesbuches nach Einbindung in die Sinaiperikope literarisch überarbeitet worden, um den Akzent der Armentheologie im Bundesbuch zu verstärken. Aber schon in Ex XXII 20aα.22.24a.25.26 werden die eröffnenden und abschließenden Bestimmungen unter Anknüpfung an die Rechtsinstitution des Zetergeschreis[137] jeweils paränetisch erweitert und damit der gesamte Abschnitt der sozialen Schutzbestimmungen zusammengefaßt:

Ex XXII 22   (ʾim ʿănnē teʿannāē ʾotô) kî
             ʾim ṣaʿoq jiṣʿāq ʾelaj
             šamoaʿ ʾaešmāʿ ṣăʿaqatô
Ex XXII 26bβ wehajā kî jiṣʿāq ʾelāj
             wešamăʿti

Ex XXII 22.26bβ ist nicht von dem Abschluß der Sammlung Ex XXI 2-XXII 26 in Ex XXII 26bγ zu trennen,[138] so daß Ex XXII 22.26bβγ insgesamt auf den Redaktor der Sammlung Ex XXI 2-XXII 26 zurückzuführen ist.

Die Rekonstruktion der Überlieferungsgeschichte der dem Redaktor vorgegebenen sozialen Schutzbestimmungen in Ex XXII 20aα.24a.25. 26abα hat mit dem Pfandrecht noch recht festen Boden unter den Füßen. Statt des apodiktischen Verbots in Ex XXII 24aβ wäre eher eine Sanktionsandrohung zu erwarten. Zuletzt hat E. Klingenberg[139] daraus die Schlußfolgerung gezogen, das apodiktische Verbot in Ex XXII 24aβ sei überlieferungsgeschichtlicher Kern, der in Ex XXII 24aα erweitert worden sei. Doch wird diese Trennung überflüssig, wenn man erkennt, daß Ex XXII 24a eine einleitende Grundsatzformulierung für die folgende Bestimmung ist. Mit nošāē ist der israelitische Darlehensgeber angesprochen, der sein Geld nur gegen ein Faustpfand verleiht (Dtn XXIV 10.11).[140] In Ex XXII 25 folgt die konkrete, fallregelnde Bestimmung, die das Pfandrecht zugunsten der sozial Schwächsten begrenzt.[141] Mit der direkten Anrede wird ein paränetischer Akzent gesetzt. Auch fehlt eine Sanktionsregulierung für den Fall der Nichtbeachtung der Schutzbestimmung, wenn auch die Nähe zum kasuistischen Recht noch unverkennbar ist. Hier zeigt sich wieder der Übergang des kasuistischen Rechts vom horizontalen Konfliktregelungsrecht tribaler Gesellschaftsstruktur zum vertikalen Schutzrecht im Sozialkonflikt einer staatlich-hierarchischen Gesellschaft. Damit aber wird die direkte Justitiabilität zugunsten der ethischen Paränese aufgegeben[142] und paradigmatisch der im Alten Testament fließende Übergang von Recht zu Ethos erkennbar.

Fehlen den sozialen Schutzbestimmungen Sanktionsregelungen und die Macht einer Gerichtsinstitution zu ihrer Durchsetzung, so sind Normen, die den Verzicht des wirtschaftlich Stärkeren auf einen möglichen Vorteil zugunsten des Schwächeren wollen,[143] um so konsequenter auf die freiwillige Beachtung und also auf Einsicht angewiesen. Dem dient die paränetische Anrede und die Begründung in Ex XXII 26abα. Sie nimmt kein theologisches Motiv in Anspruch, sondern argumentiert mit der sozialen Notsituation. Der vor Ex XXII 25 gestellte Grundsatz Ex XXII 24a liegt auf einer Ebene mit der Begründung in Ex XXII 26abα. Ex XXII 24aβ gibt nur dann Anlaß zu überlieferungsgeschichtlicher Sonderung, wenn in Ex XXII 24a ein konkreter Rechtssatz gesucht wird. Wie Ex XXII 26abα dient auch Ex XXII 24a der paränetischen Einschärfung der sozialen Schutznorm. Deshalb wird in Ex XXII 24aβ apodiktisch formuliert. Das Nebeneinander von ʿammí und haeʿaní ʿimmak zeigt überlieferungsgeschichtliche Erweiterung an, an die die Apodosis (lô) nicht angeglichen wurde. LXX^B und einige moderne Ausleger haben deshalb glättend ʾaḥí(ka) lesen wollen.[144] Durch die Einführung JHWHs als redendes Subjekt in ʿammí wird Ex XXII 24a insgesamt als Gottesrede interpretiert. Diese Deutung gründet in der redaktionellen Rahmung der sozialen Schutzbestimmungen Ex XXII 24-26 durch Ex XXII 22b.26bβγ, die JHWH als Anredenden einführt. ʿammí ist also vom Redaktor eingefügt worden. Die in Ex XXII 24a dem Redaktor vorgegebene Überlieferung appelliert an die Solidarität mit dem ʿaní. Begründet wird diese Forderung nach Schutz der sozial Schwachen mit dem Hinweis auf die gesellschaftliche Gemeinschaft: Der sozial Schwache ist haeʿaní immak, der gepfändete Mantel śalmāt reʿaeka. Die soziale Identität wird gegen die zunehmende soziale Differenzierung in Arme und Reiche als Begründungszusammenhang sozialer Solidaritätsforderung aufgerufen, die das Recht des Stärkeren gegen den Schwächeren begrenzt. Die Redaktion überführt diese Rechtsbegründung aus sozialer Identität in den theologischen Horizont einer Begründung aus dem Gotteswillen. Ex XXII 24a.25.26abα wird dem Gotteswillen integriert, der von JHWH durchgesetzt wird (Ex XXII 22b.26bβ). Die theologische Rechtsbegründung wird nicht nur durch die Rahmung in Ex XXII 22b.26bβα geleistet, sondern dringt im Ich JHWHs in ʿammí in die Rechtsformulierung gerade an der Stelle ein, die die ältere Rechtsbegründung aus sozialer Identität des ʿam noch erkennen läßt und überwindet sie so.[145] Der Redaktor stellt den Pfandrechtsbestimmungen das Verbot, den Fremdling zu bedrücken, voran (Ex XXII 20aα), an das sich die theologische Paränese Ex XXII 22 anschließt. Das theologische Argument kann noch dort Schutz und Solidarität begründen, wo eine nur gesellschaftliche Rechtsbegründung und an die Genealogie gebundene Solidaritätsforderung aus sozialer Identität an eine Grenze kommt.[146] Die dtr Ausweitung dieses Schutzrechts auf Witwen und Waisen ist eine konsequente Fortsetzung. Mit der Theologisierung einher geht der Übergang von Recht zu Ethik. Apodiktische und kasuistische Rechtsformulierungen fließen ineinander und lösen sich von ihrer jeweiligen Rechtsinstitution zugunsten paränetischer Funktion ab. Die aus dem Gesellschaftszusammenhang begründeten sozialen Schutzbestimmungen der ältesten Überlieferungsschicht in Ex XXII 20aα.24a*.25.26abα verbleiben in paränetischem Appell, dessen Nichtbeachtung keine rechtlichen Konsequenzen hat. In diese Lücke greift die Theologisierung ein, die nicht nur die Solidaritätsforderung auf eine neue Ebene der Begründung hebt, sondern auch die Durchsetzung durch JHWH einführt. Offen bleiben die Konsequenzen für denjenigen, der sich dem Appell verschlossen hat. Diese Lücke schließt die dtr Überarbeitung, die den Gotteszorn gegen den Unterdrücker aufruft (Ex XXII 23).

4.6. Die Redaktion der Rechtssammlung Ex XXI 2-XXII 26

Der Redaktor hat die erste Hälfte der chiastischen Struktur von Ex XXI 2-XXII 26 in Ex XXI 2-XXII 14 durch die Zusammenordnung von vier ursprünglich selbständigen Sammlungen (Ex XXI 2-11/12-17/18-32/33-XXII 14) gestaltet, während er die zweite Hälfte in Ex XXII 15f./17-19a/20-26* aus Rechtssätzen formte, die noch nicht zu eigenständigen Sammlungen zusammengefügt waren. So konnte er Ex XXI 2-XXII 26 strukturieren, ohne vorgegebene Rechtssammlungen aufzulösen.

Schlüssel zur Theologie der Redaktion von Ex XXI 2-XXII 26 ist der vom Redaktor gestaltete Abschluß der Sammlung in Ex XXII 26bγ: *kî ḥănnûn ʾānî*. Diese Abschlußformel ist nicht zu trennen von anderen mit *ḥănnûn* und parallelem *raḥûm*[147] gebildeten Gottesaussagen.[148] Sie haben ihre religionsgeschichtlichen Wurzeln in entsprechenden Epitheta des Königsgottes El.[149] In Ps LXXXVI; CIII; CXLV ist der Zusammenhang des Motivs JHWHs als des *ḥănnûn* mit der JHWH-Königsmotivik deutlich. JHWH ist als barmherziger Königsgott Nothelfer der Armen und Bedrückten. Im Ps LXXXII ist die Übertragung dieser aus der El-Religion stammenden Motivik auf JHWH nachvollziehbar. Hier ist der theologische Kontext von Ex XXII 26bγ zu suchen: Zurecht hat H. J. Stoebe[150] alleinstehendes *ḥănnûn* dem Vorstellungskreis eines Königs, der für die Klagen seiner Untertanen ein offenes Ohr hat, zugeordnet. JHWH erhört den Schrei des sozial Schwachen und nimmt in der Rechtshilfe eine Funktion wahr, die gemeinorientalisch als königlich gilt.[151] Ex XXII 22b.26bβ gehört also auch motivgeschichtlich unlösbar mit Ex XXII 26bγ zusammen.[152] Die Nähe von Ex XXII 26bγ zu der liturgischen Überlieferung Ex XXXIV 6 (Ps LXXXVI 15)[153] weist auf den kultischen Kontext[154]. In Ex XXII 26bγ setzt der Redaktor der Sammlung Ex XXI 2-XXII 26 einen abschließenden theologischen Akzent. Begreift der Redaktor das JHWH-Königtum unter dem Aspekt der Rechtshilfe für den Armen, so erklärt sich auch, warum er die Sammlung mit den Sklavengesetzen (Ex XXI 2-11) eröffnet. Die sich in diesen Gesetzen niederschlagenden Schutzbestimmungen für die Sklaven als die sozial Schwächsten der israelitischen Gesellschaft gewinnen ihre Legitimation im Königtum JHWHs als des Rechtsschützers der Armen: Weil JHWH das Recht der Armen schützt, soll der freie Israelit das Recht des Sklaven achten. Durch genealogisch begriffene soziale Identität ist ein Recht für die gerade aus genealogischen Zusammenhängen herausgerissenen Fremdlinge und Sklaven nicht zu begründen. Wo diese Rechtsbegründung also an ihre Grenzen kommt, greift eine theologische Begründung ein, die die Grenzen der Rechtsbegründung aus sozialer Identität sprengt und Recht auch über genealogische und soziale Grenzen hinweg als Recht für den sozial Schwachen begründen kann.

Der Prozeß der Theologisierung der Rechtsbegründung hat sozialhistorisch betrachtet seine Ursache in der zunehmenden sozialen Heterogenität israelitischer Gesellschaft in staatlicher Zeit. Wenn der Redaktor die Rechtssammlung Ex XXI 2-XXII 26 durch Sklaven- und Schuldrecht rahmt, bringt er darin auch den engen sozialhistorischen Zusammenhang zwischen Verschuldung und Versklavung zur Sprache. Im Funktionswandel des kasuistischen Rechts wird eine erste Reaktion israelitischer Rechtsinstitutionen auf die soziale Zerklüftung der Wirtschaft des staatlichen Israels erkennbar. Das kasuistische Recht als horizontal-intergentales Konfliktregelungsrecht hat seine ursprüngliche Legitimation in der genealogisch und lokal begriffenen sozialen Identität der Rechtsgemeinde als Ortsgemeinde. Durch Gewalt begrenzende Konfliktlösung soll eine Schädigung der Gemeinschaft im Inneren verhindert werden. Mit dem Übergang der israelitischen Gesellschaft zu staatlicher Organisationsform, der Umstrukturierung der Ökonomie von einer Subsistenz- zu einer Surplusabschöpfungswirtschaft und dem durch einen ,,Rentenkapitalismus'' (H. Bobek) beschleunigten sozialen Differenzierungsprozeß in arme und reiche Schichten[155] übernimmt das im bäuerlichen Ortsgericht beheimatete kasuistische Recht die Funktion der vertikalen Konfliktregelung im Sozialkonflikt als Schutzrecht für die Schwachen in der Gesellschaft. Eine Begründung dieses Rechts aus sozialer Identität kann immer weniger gelingen, je mehr diese Identität gerade im Sozialkonflikt brüchig wird und eine genealogische Begründung sozialer Identität angesichts der sich durchsetzenden Integration der Gesellschaft durch staatliche Organisationsformen an Bedeutung verliert.

Die Gesellschaft, die Wurzel der Konflikte ist, kann nicht mehr Begründungszusammenhang sein, um den Schaden in der Gesellschaft zu lindern oder zu beheben. In diese Begründungslücke tritt die theologische Rechtsbegründung ein: In JHWH als Königsgott und Rechtshelfer der Armen wird ein neuer Begründungszusammenhang wirksam. An den Bruchlinien des Gesellschaftsprozesses wird im Sklaven- und Armenrecht die Rechtsbegründung aus dem gesellschaftlich Gegebenen, der sozialen Identität, überwunden zugunsten einer Begründung von Recht im Gotteswillen.[156]

Die Theologisierung der Rechtsbegründung verstärkt eine schon vorher wirksame Tendenz zur Rationalisierung[157] als Vereinheitlichung des Rechts ursprünglich unterschiedlicher Rechtsquellen. Diese Tendenz zur Rechtsrationalisierung war bereits in der Sammlung der *je šallem*-Gesetze (Ex XXI 33-XXII 14) und der Sammlung Ex XXI 18-32 als Gegenbewegung zur Funktionsdifferenzierung des kasuistischen Rechts erkennbar geworden. Mit der Integration der Rechtsüberlieferungen in theologischen Denkzusammenhang verstärkt sich diese Tendenz, da nun nicht mehr unterschiedliche Rechtsinstitutionen und -funktionen der Gesellschaft als Rechtsquellen die Rechte begründen, sondern ein einheitlicher Gotteswille als eine und also vereinheitlichende Rechtsquelle. Die Grenzen zwischen den Rechtsgattungen können sich nunmehr verwischen und Rechtssätze unterschiedlicher Gattungen zusammengefaßt werden. Diese Entwicklung schlägt sich in der Redaktion der Rechtssammlung Ex XXI 2-XXII 26 nieder. Die Sammlung ist chiastisch strukturiert, und in dieser chiastischen Struktur, der folgend sie auch zu interpretieren ist, sind sehr unterschiedliche Rechte zusammengefaßt. Das Interesse, die Rechtssätze unterschiedlicher Rechtskreise unter den Gotteswillen als einheitliche Rechtsquelle zusammenzufassen, zeigt die chiastische Strukturlinie Ex XXI 12-XXII 19a: In Ex XXI 12-17 nimmt der Redaktor eine Reihe apodiktischer Rechtssätze auf, die familiengebundenes und überfamiliares Todesrecht zusammenfaßt. Mit der von ihm zusammengestellten Reihe Ex XXII 17-19a werden Todesrecht (Ex XXII 18) und sakrale Tabubestimmungen (Ex XXII 17.19a) zusammengefaßt. Damit wird ein einheitliches Todesrecht geschaffen, das gentales, intergentales und sakrales Recht umfaßt. Durch die sakralrechtlichen Bestimmungen, die den Abschluß des apodiktischen Rechts bilden, wird die voranstehende Sammlung in einen kultischen Horizont gerückt. Aber auch die kultischen Bestimmungen, vor allem der Anspruch kultischer Alleinverehrung JHWHs, wird durch die Verbindung mit der nichtkultischen Rechtsüberlieferung entschränkt. Profanes Recht und Kultbestimmungen interpretieren sich in dieser Konzeption der Redaktion gegenseitig und verändern sich dadurch. JHWHs Alleinverehrungsanspruch¹⁵⁸ realisiert sich nicht mehr nur im Ausschluß fremder Götter vom Kult (Ex XXII 19a), sondern im Tun der Norm der Gesetzessammlung. Das JHWHs Alleinverehrungsanspruch zum Ausdruck bringende Verbot des Fremdgötteropfers und dem zugeordnet das Magie-Verbot stehen also kaum zufällig an dieser Stelle, sondern sind vom Redaktor theologisch gezielt an diese Stelle gesetzt, um die Integration von Sakral- und Profanrecht zu begründen. Der eine Gott, dem allein geopfert werden darf, ist in der Perspektive der Redaktion der Königsgott, der der Wahrer des Rechts gerade auch der Schwachen in der Gesellschaft ist. Der Redaktor will die Rechte diverser Rechtskreise in Israel möglichst universal in den Horizont dieses Gottes als Rechtsquelle rücken. So nimmt er Sammlungen auf, die ihrerseits bereits divergente Rechte zusammenfassen und vereinheitlichen. Die Sammlung der Körperverletzungsgesetze (Ex XXI 18-32) faßt Konfliktregelungs- und Sanktionsrecht zusammen. Mit Ex XXII 15f. fügt der Redaktor ein weiteres Konfliktregelungsgesetz in chiastischer Entsprechung zu Ex XXI 18-32 hinzu. Die Verführung eines unverheirateten und nicht verlobten Mädchens wird als Konfliktregelungsfall unter Ausschluß einer talionischen Sanktion¹⁵⁹ vom Ehebruch mit einer verheirateten Frau als todesrechtlichem Strafrechtsfall abgegrenzt.¹⁶⁰ Die Gesetze Ex XXI 18-32; XXII 15f. umgreifen die Sammlung der $j^e\check{s}allem$-Gesetze in Ex XXI 33-XXII 14, die eigentumsrechtliche Konfliktregelungs- und Sanktionsgesetze zusammenfaßt.

Die Redaktion des Rechtsbuches Ex XXI 2-XXII 26 bleibt nicht bei der theologisch begründeten Vereinheitlichung und Rationalisierung differenzierter israelitischer Rechte stehen. Die Unterstellung der Normen des Alltagslebens unter den Gotteswillen bleibt in den sozialen Konflikten der Königszeit nicht neutral. Der äußere chiastische Bogen, der die Sammlung einleitet und abschließt durch Schutzrecht für die Sklaven und die sozialen Schutzbestimmungen für die Schwächsten in der Gesellschaft (Ex XXI 2-11; XXII 20-26*), setzt die für das Verständnis der Sammlung entscheidende theologische Klammer. Letzter Grund aller Normen Israels ist JHWH als der barmherzige: $k\hat{\imath}$ $ḥannûn$ $ʾan\hat{\imath}$ (Ex XXII 26bγ). Die Macht Gottes begrenzt die Verfügungsgewalt des Menschen über den Menschen. Gott als der barmherzige ist Begründung der Barmherzigkeit mit dem Schwachen in der Gesellschaft, die nicht außerhalb des Rechts zum Tragen kommen soll, sondern im Recht als Schutzrecht für den Schwachen. Der schon im Sklavenrecht dem Redaktor vorgegebene Ansatz zu theologischer Begründung wird in der Redaktion der Rechtssammlung Ex XXI 2-XXII 26 breit entfaltet. In dieser Redaktion wird der große und großartige Versuch erkennbar, eine auseinanderstrebende und -fallende Gesellschaft unter dem Gedanken Gottes als des barmherzigen Königsgottes wieder zusammenzufassen. Dem Redaktor ging es wohl um sehr viel mehr, als nur um eine Zusammenfassung der verschiedenen Rechte in einer Gesetzessammlung. Es ging um die Einheit der israelitischen Gesellschaft als ʿam JHWH (s. Ex XXII 24), die die Schwächsten mit einschließt. Daß die Theologisierung des israelitischen Rechts ihren Ausgangspunkt in den an den Bruchstellen der Gesellschaft angesiedelten Sozialbestimmungen nahm, zeigt an, daß die Einheit der in Arme und Reiche zerfallenden Gesellschaft nur noch im Rückgriff auf JHWH zu denken war.

Wo war dieser Redaktor beheimatet? Wird die Konzeption von Ex XXI 2-XXII 26 durch die JHWH-Königstheologie geprägt, so ist eine Datierung in vorstaatliche Zeit ohne Wahrscheinlichkeit. Vielmehr ist die enge Beziehung zu Jerusalemer Kulttheologie deutlich, die durch die enge Verwandtschaft zwischen der Theologie der Redaktion von Ex XXI 2-XXII 26 mit Ps XV; XXIV unterstrichen wird.[161] Nichts spricht dafür, in dieser Sammlung Oppositionskreise am Werk zu sehen[162]—alles aber dafür, sie in der Jerusalemer Priesterschaft zu beheimaten, die alles andere als eine Funktionärskaste herrschender Interessen war, sondern Verantwortung auch gerade für die Armen in der Gesellschaft trug. Die Vorgeschichte dieser Redaktion ist wiederum in der Analyse der Teilsammlungen in Ex XXI 33-XXII 14; XXI 18-32 und Ex XXI 12-17 deutlich geworden in dem Bemühen, Ortsgerichtsbarkeit und Kult aufeinander zu beziehen und gegeneinander abzugrenzen. Der Redaktor der Rechtssammlung Ex XXI 2-XXII 26 hat auch darin die Tendenz vorgegebener Überlieferungen fortgesetzt.

5. DIE RECHTSSAMMLUNG EX XXII 28-XXIII 12

Zunächst fragt die Analyse nach den Ex XXII 28-XXIII 12 vorgegebenen Überlieferungen. Sie folgt dabei der chiastischen Struktur dieser Sammlung.

5.1. Die Gebote der Aussonderung für JHWH
(Ex XXII 28f.; XXIII 10-12)
als theologische Rechtsbegründungen

Die Aussonderungsgebote in Ex XXII 28f. und XXIII 10-12 bilden den äußeren, das Prozeßrecht in XXIII 1-3.6-8 umfassenden Rahmen der Rechtssammlung Ex XXII 28-XXIII 12. Der Redaktor dieser Sammlung unterstreicht die Rahmungsfunktion des kultischen Aussonderungsrechts durch die Parallelität der Formulierungen in Ex XXII 29a *(ken taᶜaśāē lᵉšorᵉka lᵉṣoʾnaeka)* und Ex XXIII 11b *(ken taᶜaśāē lᵉkarmᵉka lᵉzêtaeka)* mit jeweils asyndetischem Anschluß von *lᵉṣoʾnaeka* und *lᵉzêtaeka*. Ex XXIII 11b trägt zu Ex XXIII 10 *(ʾarṣaeka)* das Motiv von Wein- und Ölgarten nach, das sich überschriftartig auch in Ex XXII 28a findet.[163] Ex XXII 28a ist in der Allgemeinheit der Formulierung kaum praktikabel[164] und hat nur literarische Funktion zur Verklammerung von Ex XXII 28b.29 mit Ex XXIII 10f. Ex XXII 28a ist also der in Ex XXII 29a; XXIII 11b erkennbaren Redaktionsschicht zuzuordnen, die auch darüber hinaus die Überlieferung gestaltet hat: Ex XXII 29a korrigiert Ex XXII 28b durch Einschränkung des Erstgeburtsopfers auf die tierische Erstgeburt. Ex XXII 29b ist Lev XXII 27 entsprechend auf Ex XXII 29a bezogen. Eine Opferung des erstgeborenen Menschen am 8. Tage kennt das Alte Testament sonst auch nicht. Im Vergleich mit Lev XXII 27 wird die theologisch strukturierende Arbeit des Redaktors deutlicher: Lev XXII 27 fordert das Erstgeburtsopfer nach dem 8. Tage. Diese Bestimmung ist gegenüber der strikten Festlegung des Erstgeburtsopfers auf den 8. Tag nach der Geburt die ursprünglichere. Ex XXII 29b knüpft mit dem Zahlenrhythmus X/X + 1 an Ex XXIII 12a an: ,,Sieben Tage soll er (sc. der Erstling) bei seiner Mutter sein, am achten Tage sollst du ihn mir geben'' (Ex XXII 29b). ,,Sechs Tage sollst du deine Arbeit tun, am siebenten Tag sollst du ruhen'' (Ex XXIII 12a).

So bleibt zu prüfen, ob Ex XXII 28b eine der Redaktion vorgegebene Erstgeburtsbestimmung ist. Wiederholt ist auf den theoretischen Charakter der Forderung nach Opfer des erstgeborenen Sohnes hingewiesen worden.[165] Die unpraktikable Allgemeinheit der Forderung verbindet Ex XXII 28b mit Ex XXII 28a. So wie das Thema des menschlichen Erstgeburtsopfers in den Erstgeburtsbestimmungen Ex XXXIV 19aβ.20abα (par. Ex XIII 12f. [15b]) nur in den Ablösungsbestimmungen erscheint, also gerade nicht praktiziert wurde, so wird es auch in Ex XXII 28b zum theologischen Motiv, um den prinzipiellen Hoheitsanspruch Gottes als Begründung für das folgende Aussonderungsgebot auszudrücken.[166] Der gesamte Abschnitt Ex XXII 28f. ist redaktionell verfaßt worden. Als Gottesrede gestaltet dient er als Horizont für die folgende Rechtsüberlieferung.

Im Gegensatz zu Ex XXII 28f. ist der Redaktor in Ex XXIII 10-12 stärker an vorgegebenes Überlieferungsmaterial gebunden. Der nach Abheben des redaktionellen Einschubs in Ex XXIII 11b verbleibende Abschnitt Ex XXIII 10.11a.12 hat einen überlieferungsgeschichtlichen Interpretationsprozeß durchlaufen. Mit Ex XXIII 11aβ *(weʾakelu...)* wird *uneṭaštah* zugefügt, um auf das mit Ex XXIII 10b auf gleicher Überlieferungsstufe zugefügte *tebûʾatah* zurückverweisend den Anspruch des Feldbesitzers auf den Wildwuchs im Brachejahr zugunsten der bedürftigen Menschen und der Tiere aufzuheben.[167] Diese Erweiterung trifft sich mit der sozialen Interpretation des Ruhetagsgebots in Ex XXIII 12b. In Ex XXII 28f. ist die soziale Interpretation nicht aufgenommen worden, so daß sie der Redaktion wohl vorgegeben war. So hat der Redaktor Ex XXIII 11b als Spezifizierung von ʾarṣaeka nicht direkt an Ex XXIII 11aα angefügt, sondern hinter die ihm bereits vorgegebene soziale Zweckbestimmung. Überlieferungsgeschichtlicher Kern der Aussonderungsgebote war Ex XXIII 10.11aα.12a, der durch die sozialen Schutzbestimmungen in Ex XXIII 10b.11aβγ.12b ergänzt wurde. In dieser Gestalt wurden die Aussonderungsbestimmungen vom Redaktor der Sammlung Ex XXII 28-XXIII 12 aufgenommen, durch Ex XXIII 11b erweitert und mit den von ihm formulierten Aussonderungsbestimmungen in Ex XXII 28f. verbunden. Das die chiastische Klammer Verbindende ist das theologische Motiv der Aussonderung für JHWH als Motiv der Unterstellung unter JHWHs Herrschaft. Der Nutznießung der äußeren Natur durch den Menschen sind in Erstlings-, Brachejahr- und Ruhetagsgebot Grenzen durch die Gottesherrschaft gesetzt. Es wird damit zur Sprache gebracht, daß der Mensch sein Leben (Ex XXII 28b) und seine Lebensmöglichkeit durch die Natur (Ex XXII 28a.29; XXIII 10-12) nicht sich selbst oder anderen Göttern, sondern JHWH verdankt. Die darin gesetzte Grenze der Verfügungsgewalt des Menschen über die Natur schafft Raum in der sozialen Zuspitzung für das von JHWH gesetzte Ziel der Hilfe für die Schwachen.

5.2. Die Prozessrechtssammlung Ex XXIII 1-3.6-8

Ex XXIII 3 und Ex XXIII 6 sind aufeinander bezogen formuliert. Der Arme soll im Gerichtsverfahren weder bevorzugt noch benachteiligt werden.[168] Der jeweilige Abschluß durch *berîbô* unterstreicht die Zusammengehörigkeit. Ein dreigliedriger Rahmen in Ex XXIII 1.2. und Ex XXIII 7abα [β].8 umgreift Ex XXIII 3.6. Der Hauptforderung folgt jeweils ein Vetitiv mit angeschlossenem Prohibitiv. Die Redaktion dieser Prozeßrechtssammlung hat ihren Skopus in den Doppelgesetzen zur Rechtsgleichheit im Prozeß unabhängig vom sozialen Status. Durch die Vetitive in Ex XXIII 1b.7bα wird der Aspekt des Falschzeugnisses und der daraus resultierenden Blutschuld unterstrichen. Ex XXIII 2 reagiert auf eine im Ortsgerichtsverfahren stets latente Gefahr. Gilt im Torgericht das als Recht, was die Mehrheit als Recht erkennt, so kann dieses Rechtsfindungsprinzip zu einem Unrechtsprinzip werden, wenn ein kollektiver sozialer Druck auf den einzelnen ausgeübt wird. Deshalb wird in Ex XXIII 2 dem einzelnen eine Kompetenz eingeräumt, sich der Mehrheit entgegenzustellen. Eine Entscheidung nach dem Kriterium der Mehrheit kann zu Unrecht führen. Der darin erkennbar werdende Individualisierungsprozeß der Lösung des einzelnen vom Rechtskollektiv muß langfristig zur Institutionalisierung eines vom Kollektiventscheid unabhängigen Richteramtes führen. Mit dem Individualisierungsprozeß verbunden ist die prozeßrechtliche Antwort auf den sozialen Differenzierungsprozeß in Ex XXIII 3.6. Die lokale Rechtsgemeinde auf dem Lande, die in der Regel mehrheitlich aus Kleinbauern besteht, soll sich nicht mit einem der ihren solidarisieren, wie umgekehrt dem Verarmten aus seiner sozial schwachen Stellung kein Nachteil in einem Rechtsverfahren entstehen soll. Diesen letzteren Aspekt führt Ex XXIII 8 weiter. Wirtschaftliche Übermacht darf nicht in Form von Bestechung zur Rechtsverfälschung führen.[169] In der Sammlung Ex XXIII 1-3.6-8 wird der Anfang eines eigenständigen Prozeßrechtes in Israel erkennbar, das Folge der zunehmenden Konzentration des Rechts in institutionalisierter Rechtsinstanz der lokalen Rechtsgemeinde und der daran gebundenen Ausdifferenzierung von Recht ist. Deutlich erkennbar ist dieses Prozeßrecht ursprünglich durch die soziale Identität begründet worden (Ex XXIII 6). Mit dem Ausdruck „dein Armer" wird an die Gemeinschaft und also Solidarität des Angeredeten mit dem Armen erinnert.[170] Aus der Struktur der Prozeßrechtssammlung Ex XXIII 1-3.6-8 fällt Ex XXIII 7bβ heraus. Wird an dieser Stelle das Ich JHWHs eingeführt,[171] das die das Prozeßrecht umgreifende sakralrechtliche Überlieferung Ex XXII 28f.; XXIII 10-12 prägt, so ist Ex XXIII 7bβ am ehesten auf den Redaktor der Sammlung Ex XXII 28-XXIII 12 zurückzuführen. Mit der chiastischen Umfassung durch die sakralen Aussonderungsgebote wird die Begründung aus sozialer Identität in eine theologische Begründung überführt. Intendieren die Aussonderungsgebote die Unterstellung des arbeitenden Menschen und der bearbeiteten Natur unter JHWHs Herrschaft, so wird durch die chiastische Umfassung des Prozeßrechtes die Rechtsinstitution lokaler Rechtsgemeinde JHWH unterstellt, der darin zur Rechtsquelle des ursprünglich aus sozialer Identität legitimierten Prozeßrechts wird. Diesen Vorgang der religiösen Legitimation ursprünglich aus der Gesellschaft begründeten Rechts unterstreicht die Einfügung von Ex XXIII 7bβ. Das Prozeßrecht soll verhindern, daß der Gemeinschaftstreue wie ein Frevler behandelt werde. In Ex XXIII 7bβ wird kontrapunktisch ergänzt, JHWH werde den Frevler, der das Prozeßrecht bricht, nicht wie einen Gemeinschaftstreuen behandeln. Durch die Zufügung von Ex XXIII 7bβ wird das Prozeßrecht als von JHWH gesprochenes Recht Ausformung des Gotteswillens und also zum Gottesrecht. Die Aussonderungsgebote in Ex XXII 28f.; XXIII 10-12 stellen den Menschen unter dem Aspekt seines Verhältnisses zur natürlichen Umwelt unter die Herrschaft JHWHs; darüber hinaus wird er nun unter einem zentralen Aspekt menschlicher Sozialität, dem des Rechts, JHWH als Quelle des Rechts unterstellt.

Die der Redaktion von Ex XXII 28-XXIII 12 vorgegebene Prozeßrechtssammlung hat einen längeren Überlieferungsprozeß durchlaufen, der die Reaktion der lokalen Gerichtsinstitution Israels auf den sozialen Differenzierungsprozeß verdeutlicht. W. Richter[172] hat mit Recht die Vetitive in Ex XXIII 1b.7bα in Verbindung mit Ex XXIII 7a als überlieferungsgeschichtlichen Zuwachs abgehoben. Über die traditionsgeschichtliche Verortung dieser Interpretationsschicht in der Weisheit hinaus sollte sie auf die sich in ihr widerspiegelnden sozialhistorischen Prozesse hin befragt werden. Gemeinsam ist der Überarbeitung in Ex XXIII 1b und XXIII 7* die Intention, den Zeugenbeweis abzusichern. Mit $d^ebar\ šaeqaer$ ist nicht zuletzt aufgrund der Parallelität von $^ced\ ḥamas$ (Ex XXIII 1b) und $^ced\ šaeqaer$ (s. Dtn XIX 16ff.) auf das falsche Zeugnis abgehoben.[173] Ex XXIII 7a wird mit dem auf den Justizmord zuspitzenden Vetitiv in Ex XXIII 7b* zwischen den das Recht des Armen sichernden Prohibitiv (Ex XXIII 6) und das Bestechungsverbot (Ex XXIII 8a) eingefügt.[174] Zu dieser in Ex XXIII 1b.7* erkennbaren Überarbeitungsschicht ist auch die weisheitlich beeinflußte Begründung des Bestechungsverbots in Ex XXIII 8b zu rechnen. Diese Ergänzungen schließen sich also gerade an die Rechtssätze an, die das Recht des sozial Schwachen wahren wollen. Die Überarbeitung reagiert aus weisheitlicher Sicht auf die Störungen der Ortsgerichtsbarkeit durch wirtschaftliche Übermacht, die sich auch in prophetischer Sozialkritik[175] niedergeschlagen hat

(s. Am II 7; V 10.12; Jes V 23; Hab II 6-16*)[176]. K. D. Schunck[177] hat überzeugend das mit dieser Überarbeitungsschicht verwandte 9. Gebot des Dekalogs aus dem sozialhistorischen Umfeld der Gefährdung der Ortsgerichtsbarkeit im 8. Jh. v. Chr. abgeleitet.

5.3. Die Redaktion der Sammlung Ex XXII 28-XXIII 12

Mit der Theologisierung des Prozeßrechts durch Einbindung in die sakralen Aussonderungsgebote werden Sakral- und Profanrecht auf JHWH als gemeinsame Rechtsquelle zurückgeführt. In der Transzendenz JHWHs gründet eine Tendenz zu vereinheitlichender Rationalisierung des Weltverständnisses und also auch des Rechts. Der Gottesgehorsam findet nicht mehr nur Ausdruck im gehorsamen Tun der Sakralgebote,[178] die als Aussonderungsgebote auch in den Alltag eingreifen und diesen strukturieren, sondern nun auch in der Wahrung von Recht in den profanen Rechtsprozessen lokaler Rechtsgemeinschaften. Wo dem Recht zum Recht verholfen wird, wird der Wille Gottes getan. Rechtsprozesse sind also nicht mehr nur am vorfindlichen Interesse der Gesellschaft an Konfliktregulierung und sanktionierender Normensicherung orientiert. Vielmehr wird die Rechtssicherung unmittelbar Ausdruck von Gottesgehorsam. JHWH will, daß dem Gemeinschaftstreuen Recht wird, so wie er, JHWH, nicht den *rašāʿ* gerecht spricht (Ex XXIII 7bβ).

Der Redaktor der Rechtssammlung Ex XXII 28-XXIII 12 ist aber noch einen Schritt weitergegangen. Die chiastische Struktur der so zusammengebundenen Gebote von Sakral- und theologisch integriertem Profanrecht umfaßt Ex XXIII 4f. als Kern der Sammlung:

> ,,Wenn du auf das Rind deines Feindes triffst oder auf seinen Esel, der sich verlaufen hat, so bringe sie ihm zurück. Wenn du siehst, daß der Esel deines Feindes unter seiner Last zusammengebrochen ist, so höre auf, dich von ihm fernzuhalten. Du sollst mit ihm zusammen 'Hilfe leisten'.''[179]

Die Redaktion der Sammlung Ex XXII 28-XXIII 12 hat also ihren Skopus in der Forderung der Konfliktbegrenzung und Solidarität mit dem Feind als Kern der chiastischen Struktur. Der Redaktor greift damit über die Rechtssphäre auf den Bereich einer sich im Ansatz vom Recht lösenden Ethik aus, die keine Sanktionsandrohung für den Fall der Nichtbeachtung formuliert. Ex XXIII 4f. ist nicht justitiabler Rechtssatz sondern ethische Forderung. Die zunächst in Israel gültige Begründung von Solidarität aus sozialer Identität wird durch eine Begründung aus der JHWH-Herrschaft überwunden[180] und somit der Gedanke der auch Feindschaft überwindenden Solidarität möglich. Die Sakralgebote enthalten also ein ethisches Widerlager: Nicht nur in Ruhetag, Brachejahr, der Darbringung von Erstlingen und Erstgeburten konkretisiere sich der Gottesgehorsam, sondern auch in der Rechtswahrung und schließlich in der Solidarität mit dem Nächsten in Israel über alle vorfindlichen Grenzen der Gesellschaft hinweg, also auch mit dem Feinde. Fas, ius und Ethos werden durch die redaktionelle Struktur als Einheit zusammengebunden und in der Gottesherrschaft begründet[181]. Die dem Redaktor in den sakralen Aussonderungsgeboten vorgegebene armentheologische Zuspitzung von Brachejahr- und Ruhetagsgeboten ist in Ex XXIII 4f. zu einer ethischen Forderung aktiven Handelns der Feindessolidarität zugespitzt. Aus dem Kern der Sammlung, den der Redaktor chiastisch ummantelt, ist ihr theologischer Skopus erkennbar.

Für die Frage nach dem historischen Ort des Redaktors ist bedeutsam, daß seine Theologie charakteristisch von der in Ex XXI 2-XXII 26 geschieden ist. Sie zeigt keinerlei Spuren einer JHWH-Königsmotivik. Die vom Redaktor als Rahmen benutzte Reihe der Aussonderungsgebote zeigt überlieferungsgeschichtliche Nähe zu der sakralrechtlichen Gebotsreihe in Ex XXXIV 10-26*. Ex XXII 28b.29 setzt Ex XXXIV 19aβ.20abα voraus. Auch das Ruhetagsgebot in Ex XXIII 12 ist gegenüber Ex XXXIV 21 weiterentwickelt. Ex XXXIV 21 ist eingebunden in den Festzyklus (Ex XXXIV 18-20.22) und strukturiert die Zeit des Pflügens und Erntens (Ex XXXIV 21b) durch Aussonderung des jeweils siebenten Tages als Ruhetag für JHWH. Die Erntezeiten werden also der JHWH-Herrschaft unterstellt.[182] In Ex XXIII 12 ist mit der Lösung des Ruhetags vom Festtzyklus [183] ein wichtiger Schritt in der Weiterbildung der Ruhetagsinstitution getan, die nunmehr entschränkt für das ganze Jahr gilt. Ex XXXIV 21b hat damit seine Funktion verloren und wird in Ex XXIII nicht wiederholt. Die gesamte Lebenswelt Israels ist damit der JHWH-Herrschaft unterstellt.[184] Mit der Lösung von der Ernte- und Naturthematik ist die Ruhetagsinstitution frei für eine soziale Deutung geworden (Ex XXIII 12). In dieser Gestalt rückt Ex XXIII 12 recht nahe an das dtr geprägte Ruhetagsgebot des Dekalogs (Dtn V 12-15).

Das Brachejahr-Gebot in Ex XXII 10.11a wird in Dtn XV 1-11 vorausgesetzt. Die Sammlung Ex XXII 28-XXIII 12 steht also zwischen der Sakralrechtsüberlieferung Ex XXXIV 10-26* und den Gesetzesüberlieferungen des Deuteronomiums. Die überlieferungsgeschichtliche Analyse der Prozeßrechtssammlung in Ex XXIII 1-3.6-8 zeigt das 8. Jh.v.Chr. als Terminus a quo für die Redaktion von Ex XXII 28-XXIII 12, die also spätvorexilisch zu datieren ist. Im Gegensatz zu der Rechtssammlung Ex XXI 2-XXII 26 wird das Recht nicht durch eine JHWH-Königstheologie, sondern durch eine im Alleinverehrungsanspruch JHWHs begründete Aussonderungstheologie theologisch legitimiert.[185] Die vom Redaktor formulierten und die ihm vorgegebenen Aussonderungsgebote wie auch die Forderung der Feindessolidarität in Ex XXIII 4f. sind an bäuerlichen Erfahrungsfeldern orientiert. Im Gegensatz zur Jerusalemer Redaktion von Ex XXI 2-XXII 26 ist die Redaktion von Ex XXII 28-XXIII 12 in landpriesterlichen oder levitischen Kreisen Judas zu vermuten.

6. DIE REDAKTION DER SAMMLUNG EX XX 24-26; XXI 2-XXIII 12

6.1. Die Redaktion von Ex XXI 2-XXIII 12

Das Bundesbuch ist durch die Zusammenfassung der zwei ursprünglich selbständigen Rechtsammlungen in Ex XXI 2-XXII 26 und Ex XXII 28-XXIII 12 entstanden. Nunmehr ist nach den rechtshistorischen und theologischen Intentionen der redaktionellen Verbindung dieser beiden Sammlungen zu einem Rechtskorpus zu fragen. Der Redaktor von Ex XXI 2-XXIII 12 vermag dieser Sammlung ein deutliches Eigenprofil zu geben, ohne verändernd in die vorgegebenen Überlieferungen einzugreifen. Unter dem Aspekt des Armenschutzes schließen sich Ex XXI 2-11 und Ex XXIII 10-12 in der Endredaktion des Bundesbuches zusammen. Darüber hinaus bildet das X/X + 1-Schema der Sklavengesetze und der Aussonderungsgebote von Brachejahr und Ruhetag eine große, Ex XXI 2-XXIII 12 umfassende Klammer[186]. Ruhetags- und Brachejahrinstitution unterstellen Mensch und Natur der Gottesherrschaft, indem sie der menschlichen Nutznießung von Arbeitskraft und Fruchtbarkeit der Felder eine Grenze setzen. An diesen Grenzen, die JHWH in Ruhetags- und Brachejahrinstitution der Herrschaft menschlicher Zwecke, der Verdinglichung von Mensch und Natur durch den Menschen, gesetzt hat, bricht sich eine Humanität der Hilfe für den sozial Schwachen als von JHWH gesetzter Zweck Bahn. Die Sklavengesetze in Ex XXI 2-11 erhalten durch die redaktionelle Verknüpfung mit den sakralen Aussonderungsgeboten in Ex XXIII 10-12 einen gegenüber der vorgegebenen Sammlung Ex XXI 2-XXII 26 neuen theologischen Begründungszusammenhang. In der ursprünglich selbständigen Sammlung Ex XXI 2-XXII 26 sind die Sklavengesetze im universalen Königtum JHWHs als des Rechtshelfers der sozial Schwachen begründet. Die Endredaktion des Bundesbuches knüpft darin, daß sie die Sklavengesetze in chiastischer Strukturierung theologisch begründet, an diese ihr vorgegebene Rechtssammlung an. Nunmehr aber werden die Sklavengesetze in den Horizont der sozial gewendeten sakralen Aussonderungsgebote Ex XXIII 10-12 gerückt. Darin knüpft der Redaktor an die Theologie der ihm vorgegebenen Sammlung Ex XXII 28-XXIII 12 an. Wie eine menschliche Nutzung von Feldertrag und Arbeitskraft zugunsten der vom Menschen gesetzten Zwecke in den Aussonderungsgeboten eine Grenze findet, so auch die verdinglichende Nutzung des Menschen als Sklave durch den Menschen in den sozialen Schutzbestimmungen der Sklavengesetze.

Durch die redaktionelle Verklammerung der Sklavengesetze mit den Aussonderungsgeboten wird im gemeinsamen X/X + 1-Schema die implizite theologische Begründung im Sklavenrecht explizit. Ex XXIII 10-12 führt in der theologischen Explikation über das Sklavengesetz hinaus. Umgekehrt greifen die Sklavengesetze über die soziale Zuspitzung der Aussonderungsgesetze in Ex XXIII 11f. hinaus: In Ex XXIII 10-12 ist die Hilfe für den Schwachen nur indirekte Folge des Tuns der sakralen Gebote. In den sozialen Schutzbestimmungen des Sklavenrechts wird die soziale Dimension von der Ebene der Handlungsfolge auf die des direkten Handlungszwecks gehoben.

So wie die Sammlung Ex XXI 2-XXIII 12 durch einen äußeren Ring wechselseitiger Interpretation von sozialem Schutzrecht und sakralen Aussonderungsgeboten gerahmt wird, so auch durch einen entsprechenden inneren Ring, der nunmehr den Kern der Sammlung bildet. Dieser Kern redaktioneller Struktur wird aus den sozialen Schutzbestimmungen in Ex XXII 20-26* und den sakralen Aussonderungsgeboten in Ex XXII 28f. gebildet. Das übrige Gesetzesmaterial des Bundesbuches wird also durch einen doppelten Rahmen aus sozialen Schutzbestimmungen und diese begründenden sakralen Aussonderungsgeboten eingefaßt:

Gesetze zum Schutz der Sklaven (Ex XXI 2-11)
    Reihe todeswürdiger Verbrechen (Ex XXI 12-17)
        Gesetze bei Verletzung körperlicher Integrität (Ex XXI 18-32)
            j^{e}šallem-Gesetze (Ex XXI 33-XXII 14)
        Gesetz bei Verletzung körperlicher Integretität (Ex XXII 15f.)
    Reihe todeswürdiger Verbrechen (Ex XXII 17-19a)
Gesetze zum Schutz der Fremdlinge und Armen (Ex XXII 20-26*)
Gebote der Aussonderung für JHWH (Ex XXII 28f.)
    Gesetze zur Sicherung der Rechtsinstitution (Ex XXIII 1-3)
        Gebote der Solidarität mit dem Feind (Ex XXIII 4f.)
    Gesetze zur Sicherung der Rechtsinstitution (Ex XXIII 6-8)
Gebote der Aussonderung für JHWH (Ex XXIII 10-12)[187]

Die sakralrechtlichen Aussonderungsgebote erhalten ein ethisches Widerlager in den sozialen Schutzbestimmungen für die Schwachen in der Gesellschaft (Ex XXI 2-11; Ex XXII 20-26*). Die Endredaktion schließt sich also der Theologie der Sammlung Ex XXII 28-XXIII 12 an.[188] Das Motiv des göttlichen Königtums, das die theologische Rechtsbegründung der Sammlung Ex XXI 2-XXII 26 trägt, wird dagegen nicht aufgenommen, sondern durch die Struktur der chiastischen Entsprechungen Ex XXI 2-11/XXIII 10-12 und Ex XXII 20-26*/XXII 28f. geradezu eingeklammert. An die Stelle der JHWH-Königstheologie treten nun die sakralen Aussonderungsforderungen als Begründung der sozialen Schutzgebote. Die Jerusalemer Theologie in Ex XXI 2- XXII 26 wird also in der Endredaktion des Bundesbuches nicht fortgesetzt.

6.2. Die Verbindung des Altargesetzes Ex XX 24-26 mit den Rechtsüberlieferungen des Bundesbuches

Die bisherige Forschung zum Bundesbuch hat nicht überzeugend aufzeigen können, in welchem literarischen und theologischen Kontext die Altargesetzgebung mit dem übrigen Bundesbuch verbunden wurde. Die Wellhausen-Schule bemühte sich um die Rekonstruktion einheitlicher Sammlungen von ius, fas und Ethos. Sie nahm die Trennung von Altargesetz und Sakralgeboten in Ex XXIII zum Anlaß der literarkritischen Diskussion, da es schwer vorstellbar sei, daß ein im Profanrecht auf Ordnung haltendes Korpus im Sakralrecht der Ordnungslosigkeit huldige: Die Sakralgebote einschließlich des Altargesetzes standen also ursprünglich als ein geschlossener Block vor den Profangesetzen. Erst im Zuge einer literarisch sekundären Zufügung von Ex XXIII 14-19 seien die Sakralgesetze ohne das Altargesetz nach hinten gerückt — so H. Holzinger.[189] Oder aber die Profangesetze standen ursprünglich vor den Sakralgesetzen, so daß das Altargesetz literarisch sekundär an den jetzigen Platz gerückt sei, um die Sammlung mit ,,wichtigeren, d.h. in diesem Falle religiösen Bestimmungen'' zu eröffnen — so B. Baentsch.[190] Voraussetzung dieser Thesen ist die Annahme, daß thematisch verwandte Überlieferungen ursprünglich zusammen standen. Diese Annahme lebt in überlieferungsgeschichtlichem Gewand fort in der These, das Altargesetz sei Teil einer privilegrechtlichen Grundüberlieferung.[191] Weiterführend ist die konsequent redaktionsgeschichtlich orientierte These, das Altargesetz bilde analog zu Rechtskorpora der Umwelt Israels einen sakralen Prolog und Ex XXIII 10-19 einen sakralen Epilog.[192]

Das antikanaanäische Gebot Ex XX 24aα und die beiden entsprechenden Prohibitive in Ex XX 25a*.26a sind, wie D. Conrad[193] nach wie vor gültig gezeigt hat, überlieferungsgeschichtlicher Grundbestand des Altargesetzes. Wird in Ex XX 24aα der Ziegelaltar gefordert, so wird damit der in Israel legitime Altar von kanaanäischen Napfloch- und Stufenaltären und den mit ihnen verbundenen Kulten abgegrenzt. Die überlieferungsgeschichtlich sekundäre Überarbeitung des Altargesetzes in Ex XX 24aβb.25b.26b ist im Horizont Jerusalemer Tempeltheologie gestaltet worden. So wird in Ex XX 26b der Versuch gemacht, das Verbot des Stufenaltars mit dem Kultinventar des ersten Tempels in Jerusalem zu harmonisieren. Das Verbot erhält mit dem Motiv der Entblößung eine neue Begründung, die die ursprüngliche Spitze abbricht, da die Hose Teil der Priesterkleidung in Jerusalem war (Ex XXVIII 42). Entsprechend wird an der ursprünglichen Intention vorbeigehend das Verbot, behauene Steine zu verwenden, auf das ihrer Bearbeitung mit Eisenwerkzeugen umgedeutet (vgl. 1 Reg. VI 7).[194] Wird durch die redaktionellen Zusätze das Altargesetz in das kultische Leben des Jerusalemer Tempels integriert, so ist daraus zu schließen, daß die Kernüberlieferung nicht aus Jerusalem stammt, sondern erst sekundär dort heimisch wurde. Die Überarbeitungsschicht ist der Schlüssel der Verbindung von Altargesetz und Rechtsüberlieferung des Bundesbuchs. Die im Horizont der Aussonderungsgebote theologisch redigierte Sammlung Ex XXII 28-XXIII 12 und die in diesem Geiste arbeitende Schlußredaktion von Ex XXI 2-XXIII 12 sind in ihrem theologischen Profil deutlich geschieden von der Jerusalemer Redaktion der Sammlung Ex XXI 2-XXII 26, die die vorgegebene Rechtsüberlieferung im Horizont der JHWH-Königstheologie interpretiert. Ist das Altargesetz also vor der dtr Einarbeitung von Ex XXI 1 in das Bundesbuch mit diesem verbunden worden, eine vordtr Jerusalemer Überarbeitung des Bundesbuches aber sonst nicht nachweisbar, so bleibt als Konvergenzpunkt von Altargesetz und Bundesbuch die Redaktion der ursprünglich selbständigen Sammlung Ex XXI 2-Ex XXII 26. Diese Sammlung wurde im Geist der Jerusalemer Tempeltheologie redigiert. Der Redaktor dieser Rechtssammlung läßt gezielt die Reihe der Todesrechtssätze mit dem Verbot des Fremdgötteropfers ausklingen und bindet dieses mit den in der chiastischen Struktur folgenden Schutzbestimmungen für die Armen zusammen. Diese Abfolge von Kultgesetzen (Ex XXII 17-19a) und sozialem Schutzrecht (Ex XXII 20-26*), die den Abschluß der Teilsammlung prägt, wird in der Abfolge von Altargesetz (Ex XX 24-26) und Sklavenrecht (Ex XXI 2-11) auch als Gestaltungsprinzip der Eröffnung erkennbar. Das Altargesetz ist also vom Redaktor dieser Jerusalemer Sammlung in Ex XXI 2-XXII 26 vorangestellt worden. Die Rechtsüberlieferung dieser Sammlung wird nicht nur in den Horizont der Jerusalemer JHWH-Königstheologie, sondern durch das vorangestellte Altargesetz in den kultischen Kontext des Jerusalemer Tempels gerückt. Was aber war die den Redaktor leitende theologische Intention bei der Verbindung von Altargesetz und Rechtsüberlieferung? Der Schlüssel zur Antwort dieser Frage liegt in Ex XX 24aβb als Zusatz zu Ex XX 24aα. Die Legitimität eines Altars ist nicht nur an die Bauart als *mizbāḥ ᵃdamā* gebunden, sondern an die Selbstkundgabe JHWHs.[195] Der Segen hat JHWHs Selbstvorstellung im *ᵃnî JHWH* zur Voraussetzung.[196] Die Wortverkündigung wird also zur Voraussetzung der Segenskraft des Opfers. In der Perspektive der Verbindung von Altargesetz und Rechtsüberlieferung wird die Selbstkundgabe JHWHs durch die folgenden Rechtsbestimmungen entfaltet. Die Legitimität des Kultortes und damit des Opferkultes an diesem Ort ist an die Verkündigung des Rechtes als Wille des Königsgottes gebunden. Hat die Rechtsüberlieferung Ex XXI 2-XXII 26 ihren Ort am Tempel von Jerusalem, so impliziert Ex XX

24b *(bᵉkål hammaqôm...)*[197], daß jeder Kultort, an dem dieses Recht verkündet wird, legitimer, an Jerusalem gemessener Kultort sei. In einer der Kultzentralisationsforderung geradezu entgegenlaufenden Bewegung[198] wird der Anspruch Jerusalemer Kulttheologie auf die anderen Heiligtümer ausgeweitet. Jeder Kultort, an dem dieses Recht als Gottesrecht verkündet wird, ist dadurch als legitim qualifiziert. Im Gegensatz zu den in die Jerusalemer Rechtssammlung aufgenommenen ursprünglich selbständigen Teilsammlungen, die ihren Sitz im Leben am lokalen Torgericht haben, hat die Sammlung Ex XX 24-26; XXI 2-XXII 26 keine juridische Funktion mehr, sondern dient der Explikation der Willensoffenbarung des universalen Königsgottes JHWH, der darin seinen Herrschaftsanspruch auf alle Lebensbereiche auch des Alltagslebens Israels zur Sprache bringt. Die kunstvoll gestaltete chiastische Strukturierung der Sammlung legt es nahe, ihren Hintergrund in priesterlich gelehrter Theologenarbeit zu sehen.

7. DIE RECHTSÜBERLIEFERUNGEN DES BUNDESBUCHES IM HORIZONT DER DEUTERONOMISTISCHEN THEOLOGIE

Im folgenden soll nach dem theologischen Gehalt und der rechtshistorischen Gestalt der dtr Überarbeitung des Bundesbuches gefragt werden. Damit wird der Weg in die literarische Nachgeschichte beschritten. Das Bundesbuch will nunmehr als Teil des größeren Ganzen der Sinaiperikope in ihrer dtr Gestalt[199] interpretiert werden — eine Aufgabe, die das Ziel dieser Studie bei weitem überschreitet. Der Blick soll also auf Binnenaspekte des Bundesbuches beschränkt bleiben. An welche Gesichtspunkte anknüpfend hat die dtr Redaktion produktiv am Bundesbuch weitergearbeitet?

Die vorangestellte Eröffnung Ex XXI 22.23 setzt eine Klammer theologischer Interpretation vor das Bundesbuch und führt darin den Theologisierungsprozeß fort: Das Ganze des vordtr Bundesbuches wird explizit auf JHWH als Rechtsquelle zurückgeführt und als im Wort JHWHs offenbart interpretiert (Ex XX 22). Darin faßt die dtr Interpretation den bisherigen Theologisierungsprozeß der Rechtsüberlieferungen des Bundesbuches zusammen und bringt ihn in der Ausarbeitung der Offenbarungsthematik auf den Begriff. Der Nähe des sich im Wort der Rechtsüberlieferung als Gotteswille offenbarenden Gottes (*ʾattæm rᵉʾîtæm kî... dibbartî ʿimmakæm*) wird als theologisch notwendiger Gegenpol die transzendente Unverfügbarkeit JHWHs, des sich vom Himmel offenbarenden Gottes (*min hāššāmājim dibbartî*)[200] entgegengesetzt und durch das folgende Bilderverbot unterstrichen. Die personale, sich im Gehorsam gegen den Gotteswillen ausprägende Gottesbeziehung ist der durch Bilder toten Stoffes vermittelten Gottesbeziehung überlegen und schließt den Versuch, Gottes habhaft zu werden, aus.[201] Ex XX 22.23.knüpft an Ex XIX 3b-9* an und weist auf Dtn IV voraus. Ex XX 22 läßt das Bundesbuch zu der in Ex XIX 9 angekündigten Offenbarung und zur Explikation der *JHWH-bᵉrît* als Israel auferlegter Verpflichtung[202] werden. Das gehorsame Tun der im Bundesbuch zusammengefaßten Rechtsüberlieferung sichert Israel als erwähltes Volk unter den Völkern (*sᵉgullā mikkāl haʿammîm*). Ex XX 22b (*ʾattæm rᵉʾîtæm...*) rückt an Ex XIX 4a anknüpfend die Gebotsoffenbarung an das Exodusgeschehen. Offenbarung der Rechtsüberlieferung des Bundesbuches wird zur Lebensermöglichung Israels. Dtn IV[203] unterstreicht die in Ex XX 22.23 angelegte Dialektik der Nähe des in *ḥuqqîm* und *mišpaṭîm* offenbarten Gottes (Dtn IV 7f.) und der Unverfügbarkeit JHWHs, die sich im Bilderverbot (Dtn IV 15-18) ausdrückt. Das Interpretationsgeflecht von Ex XIX 3b-9*; XX

22f.; Dtn IV* läßt das Bundesbuch als b^erît-Verpflichtung Israels Teil eines dtr Reformprogramms für eine nachexilische Zeit werden. Ob Israel diese Verpflichtung hält, entscheidet, ob Israel in seinem Lande als von JHWH erwähltes Volk wohnen oder von JHWH vernichtet wird (Dtn IV 25b-28).

Schließlich wird durch Ex XX 22.23 das Bundesbuch unter das erste Gebot als Leitthema gestellt. Die Einzelvorschriften des Bundesbuches werden zu Entfaltungen des einen Hauptgebotes, des sich im überschriftartig dem Bundesbuch vorangestellten Bilderverbot zur Sprache bringenden Alleinverehrungsanspruchs JHWHs (Ex XX 23a)[204].

Ex XXI 1 trennt Ex XX 20-24 als dtr gestalteten Prolog vom Korpus der Rechtsüberlieferung. Dem so geschaffenen Prolog entspricht Ex XXIII 13-33 als dtr gestalteter Epilog. Im Zuge der dtr Einarbeitung des Bundesbuches in die Sinai-Perikope wurde die vordtr Sakralrechtsüberlieferung Ex XXIII 14-33* zu einem Epilog des Bundesbuches umgestaltet[205] und durch Ex XXIII 13 mit dem Korpus des Bundesbuches verbunden. Die aufeinander bezogen formulierten Bilder- und Fremdgötterverbote (Ex XX 23; XXIII 13) bilden so den theologischen Kern eines Prologs und Epilogs zur Rahmung des Bundesbuches. Theologischer Gehalt dieser Rahmung ist der Ausdruck der Universalität der Herrschaft JHWHs, der im Gegensatz zu mythischer und bildlich repräsentierter Gottheit nicht mit Partikularaspekten der Wirklichkeit zu identifizieren ist. Als der eine transzendente und unverfügbare Gott ist JHWH Herr der gesamten Lebenswelt des nach dem Exil erwarteten neuen Israels, also auch seines Normensystems des Alltagslebens. Die dtr Theologie bringt mit der Rahmung des Bundesbuches durch Fremdgötter- und Bilderverbot die in der weltüberlegenen Transzendenz JHWHs angelegte Tendenz zur Rationalisierung von Wirklichkeitsverständnis und Recht, das auf JHWH als einzige Rechtsquelle zurückgeführt wird, auf den Begriff.

Durch Ex XXI 1 wird das Bundesbuch mit Ex XXIV 3-8 in seiner dtr Gestalt verbunden.[206] In der dtr b^erît-Konzeption in Ex XXIV 3-8 als Fluchtpunkt der dtr Überarbeitung des Bundesbuches wird die vereinheitlichende Rationalisierung der Lebenswelt des neuen Israel unter dem Aspekt des Gottesgehorsams zusammengefaßt.

Die dtr Interpretation des Bundesbuches als Teil des Verfassungsentwurfs für das nachexilische Israel bestimmt auch die neu interpretierenden Eingriffe in die Rechtsüberlieferung, die besonders die Armentheologie unterstreichen. Die dtr Erweiterungen in Ex XXII 20aβb.21.23 schließen sich an das Schutzrecht der sozial Schwachen in Ex XXII 20aα.22.24a.25.26 und in Ex XXIII 9 an den Teil des Prozeßrechtes in Ex XXIII 6-8 an, der mit dem Verbot, durch wirtschaftliche Übermacht das Recht zu beugen, den Aspekt des Armenschutzes akzentuiert. Das Motiv der Fremdlinge in Ex XXII 20aα wird durch die Einführung von Witwen und Waisen (Ex XXII 21.23) zu der für dtr Überlieferung charakteristischen Trias der personae miserae erweitert. In Ex XXII 20aβb wird der Armenschutz heilsgeschichtlich begründet. Durch das im Buche Exodus nur in Ex III 9; XXII 20aβ und XXIII 9 verwendete Lexem *lḥṣ* wird ein Zusammenhang zwischen dem von JHWH erhörten Notschrei des bedrängten Israel in Ägypten (Ex III 9) und dem von JHWH erhörten Notschrei der Schwachen in der Gesellschaft Israels (Ex XXII 20-22) hergestellt. Dieser so nur angedeutete Zusammenhang wird in Ex XXII 20b *kî gerîm hᵃjîtaem bᵉʾaeraṣ miṣrajim* explizit. Der Fremdling in Israel wird parallelisiert mit Israel als Fremdling in Ägypten. Ex XXII 20b zieht seine paränetische Kraft aus der Situationsanalogie. In Ex XXIII 9 *wᵉʾattaem jᵉdaʿtaem ʾaet naepaeš hägger kî gerîm hᵃjîtaem bᵉʾaeraṣ miṣrajim* wird dieser Zusammenhang expliziert. Wird der Fremdling in Israel mit Israel in Ägypten parallelisiert, dem JHWH im Exodus Schutz erwies, so wird die Exodusrettung zum impliziten Begründungszusammenhang für den Schutz, den der freie Israelit dem Fremdling in seiner Mitte gewähren soll. Israel soll durch sein Verhalten dem entsprechen, was es als rettende Tat seines Gottes erlebt hat. In JHWHs geschichtlichem Rettungshandeln findet das soziale Schutzrecht einen neuen theologischen Begründungszusammenhang. Bleibt die Begründung des Schutzrechtes im Königtum JHWHs in der Redaktion der Rechtssammlung Ex XX 24-26; XXI 2-XXII 26 dem geforderten Rechtshandeln äußerlich, so wird in der Parallelisierung von JHWHs heilsgeschichtlicher Solidarität mit Israel mit der geforderten Solidarität Israels mit dem Schwachen die Vermittlung von Gottesbegriff und Handlungsnorm intensiver.

Diese Einschärfung des Rechts durch Begründung hat ein Widerlager in der Einführung der Sanktionsandrohung in Ex XXII 23. Ist in der vordtr Überlieferung nur das Motiv der Rechtshilfe für den Bedrängten im Blick, so fügt der dtr Redaktor den Aspekt der Konsequenz für den Bedränger hinzu. JHWH wird dabei erstmals in der Überlieferungsgeschichte des Bundesbuches als Subjekt des Sanktionsvollzugs eingeführt. Die Sanktionsformulierungen der ursprünglichen, in den Kontext von Familie und lokaler Torgerichtsbarkeit gehörenden Rechtsüberlieferungen des Bundesbuches schließen sich darin zusammen, daß der Sanktionsvollzug Teil des jeweiligen Rechtszusammenhanges ist. Auch den vordtr theologischen Rechtslegitimationen im Bundesbuch ist noch der Gedanke einer göttlichen Sanktionsfunktion fremd. Verlagert sich aber mit der Theologisierung des Rechtes der Horizont der Rechtsbegründung von der Rechtsgemeinschaft auf JHWH, so liegt es nahe, auch Funktionen der Rechtsgemeinschaft auf JHWH zu übertragen. Die

Theologisierung und Integration des Rechts in den Gottesbegriff zieht eine Verrechtlichung des Gottesbegriffes nach sich. Erst in dieser dtr Interpretation wird auch die strikte Bindung der Sanktion an den Täter, die das israelitische Strafrecht des Bundesbuches vom Keilschriftrecht unterscheidet,[207] aufgehoben und nunmehr von JHWH vollzogene Sanktion auf Frau und Kinder des Täters ausgedehnt (Ex XXII 23). Die individuelle Verantwortung wird also dort zugunsten einer Verantwortung der ganzen Familie aufgehoben, wo es nach dtr Interpretation nicht mehr nur um einen Rechtskonflikt zwischen Menschen, sondern mit JHWH geht.[208]

Ex XXII 30 weist auf Dtn XIV 21 voraus. Das Verbot, Fleisch eines verendeten Tieres zu essen, gilt in Lev XXII 8; Ez XLIV 31 für die Priester. Wenn in Ex XXII 30 dieses Verbot auf ganz Israel als *ʾanšê qodaeš* ausgeweitet wird, so wird damit an Ex XIX 6, das Motiv Israels als *mamlaekaet koh^{a}nîm* und *gôj qadôš* angeknüpft. Dtn XIV 21 verknüpft redaktionell die voranstehenden Sakralrechtsgebote mit den folgenden Abgabebestimmungen[209] und rückt damit nahe an Ex XXII 30 in seiner Verbindung mit den Abgabebestimmungen in Ex XXII 28f. heran. Ex XXII 30 erweitert die theologische Intention von Ex XXII 28f. um einen neuen Aspekt: Unterstellten die Aussonderungsgebote in Ex XXII 28f. in vordtr Überlieferung die Fruchtbarkeit von Mensch und Natur der Herrschaft JHWHs, so werden die Aussonderungsgebote nun im Lichte von Ex XIX 5f.; XXII 30 zu Merkmalen der Aussonderung Israels aus den Völkern als *s^{e}gullā mikkål ha^{c}ammîm*.

8. RECHTSGESCHICHTE IM BUNDESBUCH

8.1. Die Ausdifferenzierung unterschiedlicher Funktionen in kasuistischem und apodiktischem Recht

Die Geschichte des kasuistischen Rechts im Bundesbuch ist die Geschichte der Ausdifferenzierung unterschiedlicher Funktionen dieses Rechts. Am Anfang der Geschichte kasuistischen Rechts steht die reine Konfliktregelung zwischen Familien einer Rechtsgemeinschaft der Sippe und Ortsgemeinschaft. Mit der Einbindung der Konfliktregelung in eine Gerichtsinstitution wurde gemeinschaftszerstörende Gewalt zwischen den Parteien vermieden zugunsten friedlicher Konfliktlösung. Mit der Fixierung der Lösungswege von Konflikten in kasuistischen Rechtssätzen brauchen die Parteien im Gericht nicht mehr darum zu kämpfen, sich Recht zu schaffen, sondern nur noch darum, ihr Recht zu bekommen (s. nur Ex XXI 18f. u.ö.). Dieses Recht geht in seinem Ursprung ganz in der Funktion auf, gestörte soziale Beziehungen in einer Rechtsgemeinschaft zu heilen. Kennt es noch keine Sanktionsfunktion, so drückt sich darin auch aus, daß es noch keine außerhäusliche Dauergewalt gibt. Als reines Konfliktregelungsrecht schützt es den Zusammenhalt von Familien einer Rechtsgemeinschaft und garantiert doch auch deren Eigenrecht. Ein Schutz der Freiheit des Individuums ist diesem Recht als Thema noch nicht bekannt, wohl aber ein Schutz der Freiheit der gesellschaftskonstituierenden Segmente der Familien. Fehlt eine Sanktionsfunktion dieses Rechts, so fehlt das wesentliche Mittel, gemeinschaftsschädigendes Verhalten zu verhindern. In dieses Vakuum tritt die sich aus dem reinen Konfliktregelungsrecht aussondernde Sanktionsfunktion des kasuistischen Rechts, deren Aussonderung in der Überlieferungsgeschichte des kasuistischen Rechts im Bundesbuch nachvollziehbar ist.

Die Sammlung des Depositenrechts in Ex XXII 6.7.aα. (). 9a.11-14a ist für den Depositar reines Ersatzleistungsrecht, das Fälle der Ersatzleistungspflicht von solchen der Befreiung von der Ersatzleistung abgrenzt. Der Sanktionsaspekt bezogen auf einen Dritten steht in Ex XXII 6 ganz am Rande der Sammlung. Die Neuinterpretation in Ex XXII 7aβb.8.9b.10 (14b) führt den doppelten Ersatz als Sanktion in die Regelung des Rechtsverhältnisses zwischen Depositar und Depositor ein. Ex XXII 8 wird zur integrierenden Mitte der Sammlung des Depositenrechts. Einfallstor für die Sanktionsfunktion in das kasuistische Recht war die Sicherung des Eigentums vor Diebstahl. In Ex XXI 37-XXII 3 und Ex XXII 6.8 verstärkt sich im Gefälle rechtshistorischer Entwicklung der Diebstahlsgesetzgebung die Schärfe der Sanktion. Steht die ursprüngliche Sanktion doppelten Ersatzes des gestohlenen Gutes der Funktion des kasuistischen Rechts als Konfliktregelungsrecht noch nahe, so entfernt sich die Diebstahlsgesetzgebung mit der Steigerung auf eine vier- und fünffache Ersatzleistung von der Konfliktregelung und es tritt die Sanktionsfunktion als bestimmend in den Vordergrund. Mit der Einbeziehung der Todessanktion in das kasuistische Recht in Ex XXII 1.2a wird der Sanktionsaspekt der Diebstahlsgesetzgebung noch weiter verstärkt. Die Überlieferungsgeschichte der Sammlung von Körperverletzungsgesetzen in Ex XXI 18-32 ist ebenfalls von der Ausdifferenzierung eines kasuistischen Sanktionsrechts aus dem Konfliktregelungsrecht geprägt. Die Kernüberlieferung in Ex XXI 18f.22 ist reines Ersatzleistungsrecht, das durch die Erweiterung in Ex XXI 23.28f. die Todessanktion in das kasuistische Recht integriert. Die zivilrechtliche Funktion der Konfliktregelung wird also auf breiter Basis um die strafrechtliche Sanktionsfunktion erweitert.[210]

Auch in der Überlieferungsgeschichte einzelner kasuistischer Rechtssätze wie Ex XXII 15f.[211] läßt sich die Ausdifferenzierung der Sanktionsfunktion aus der reinen Konfliktregelung beobachten. Der überlieferungsgeschichtlich sekundär hinzugefügte Unterfall in Ex XXII 16 „Wenn sich der Vater weigert, sie ihm zu geben, soll er (sc. der Schädiger) selber zahlen gemäß dem Brautpreis einer jungen Frau" überschreitet die reine Konfliktregelung der Ersatzleistungsbestimmung in Ex XXII 15. Das Recht des Geschädigten wird über das des Schädigers gestellt, dem keine derartige Klausel zugestanden wird, der vielmehr Eheverpflichtung wie Weigerung des Vaters in jedem Falle unter Zahlung des Brautpreises akzeptieren muß. Durch den Zusatz von Ex XXII 16 zu Ex XXII 15 soll nicht nur ein bereits entstandener Konflikt geregelt werden, sondern dadurch, daß der Schädiger ein nicht geringes Risiko trägt, die Verführung eines unverheirateten Mädchens und vor allem die „Raubehe" verhindert werden. Mit der Integration der Sanktionsfunktion in das kasuistische Recht dient es nicht mehr nur der konfliktregelnden Schadensbegrenzung, sondern normiert zukünftiges Verhalten durch Androhung von Sanktion bei Verletzung der Norm.

In Ex XXI 20f.26f. zeigt sich über die Differenzierung des kasuistischen Rechts in Zivil- und Strafrecht hinaus die Ausdifferenzierung einer weiteren Funktion kasuistischen Rechts als soziales Schutzrecht der Schwachen in der Gesellschaft. Aus der horizontalen Konfliktregelungsfunktion zwischen gleichberechtigten Familien einer lokalen Rechtsgemeinschaft wird eine vertikale Konfliktregelung zwischen Armen und Reichen zugunsten der Armen in der Gesellschaft. Den Bezug auf bereits geschehene Tat des reinen Konfliktregelungsrechts hinter sich lassend ist dieses soziale Schutzrecht wie das Strafrecht normatives Recht, das zukünftiges Handeln bestimmen will.[212] Auch Ex XXII 24a*.25.26abα ist diesem aus dem horizontalen Konfliktregelungsrecht ausgewanderten sozialen Schutzrecht zuzuordnen. In diesen Bestimmungen zum Schutz des sozial Schwachen wird die im kasuistischen Recht sonst implizite Begründung des Rechts aus der sozialen Identität genealogisch oder lokal vermittelter Rechtsgemeinschaft nunmehr explizit. Die Forderung nach Schutz der sozial Schwächsten wird mit gemeinsamer Gemeinschaftszugehörigkeit begründet: Der sozial Schwache ist *haeʿanî ʿimmak*, der gepfändete Mantel *śalmāt reʿaka*. Die soziale Identität, die als implizite Legitimation das kasuistische Konfliktregelungsrecht trägt, wird erst dort explizit, wo die soziale Identität durch die Differenzierung in arme und reiche Schichten in Gefahr gerät und das kasuistische Recht die Funktion übernimmt, dieser Gefahr entgegenzusteuern. Mit dem horizontalen verbindet das vertikale Konfliktregelungsrecht der sozialen Schutzbestimmungen die Intention, die Ortsgemeinde gegen Gefährdungen des sozialen Zusammenhalts zu schützen. Das konfliktregelnde Ersatzleistungsrecht will Gewalttätigkeiten im Konflikt- und Schadensfall zwischen den Familien und damit eine Schwächung der Gemeinschaft durch gewaltsame Auseinandersetzungen verhindern. Das soziale Schutzrecht will die Schwächung der Gemeinschaft durch die soziale Differenzierung in Starke und Schwache abmildern, indem die Schwächsten geschützt werden. Die Ausdifferenzierung eines Sanktionsrechts und sozialen Schutzrechts aus dem horizontalen Konfliktregelungsrecht differenziert und erweitert auf institutioneller Ebene die Funktionen der lokalen Gerichtsinstitution.

Dieser Vorgang beeinflußt auch die rechtshistorische Entwicklung des apodiktischen Rechts. Dieses Recht ist als Todesrecht und Grenzrecht der Familie reines Sanktionsrecht (Ex XXI 15.17 u.ö.). Apodiktisches und kasuistisches Recht sind im Ursprung in Funktion und Rechtskreis deutlich voneinander geschieden. Das apodiktische Recht dient dem Schutz von überlebenswichtigen Normen für die Rechtsgemeinschaft der Familie durch die Androhung der schärfsten Sanktion, der Todesstrafe. Das kasuistische Recht dient im Ursprung der Konfliktregelung zwischen den Familien einer Rechtsgemeinschaft und hat also keine Funktion der Normensicherung durch Sanktionsandrohung. In staatlicher Zeit Israels wandert das apodiktische Recht aus der Familie aus und wird an Rechtsverfahren der lokalen Gerichtsinstitution gebunden. Im kasuistischen Depositenrecht (Ex XXII 6-14) und Diebstahlsrecht (Ex XXI 37-XXII 3) sowie im Rahmen des apodiktischen Rechts in Ex XXI 12-14 entwickelt sich das formale Verfahrensrecht noch von jenen materialen

Rechten ungeschieden. In Ex XX 16 und XXIII 1-3.6-8 hat sich ein eigenständiges apodiktisches Prozeßrecht ausdifferenziert, dem durch die Prohibitive Nachdruck verliehen wird. Dtn XXI 18-21* neben Ex XXI 15-17 zeigt, daß auch das materiale apodiktische Recht aus der Familie an die lokale Gerichtsinstitution abwanderte. Das apodiktische Tötungsverbot Ex XXI 12 konnte durch die Überführung von der Familie an die lokale Gerichtsinstitution (Ex XXI 13f.) durch Verfahren differenziert werden. Durch die Klärung der Motivation wurde nun zwischen Mord und Körperverletzung mit Todesfolge unterschieden und die den intergentalen Blutfall regelnde Institution der Blutrache durch Rechtsverfahren rationalisiert. Ex XXI 13f. zeigt darüber hinaus das Hineinwachsen der kasuistischen Rechtsformulierung in das apodiktische Sanktionsrecht. Umgekehrt differenziert sich aus dem kasuistischen Konfliktregelungsrecht ein kasuistisch formuliertes Sanktionsrecht aus, das in Ex XXI 20.23.29; XXII 1.2a in das Todessanktionsrecht übergreift. Mit der Erweiterung von Ex XXI 22 durch Ex XXI 23 wird die Körperverletzung einer Schwangeren mit Todesfolge als Fall der Todessanktion in das kasuistische Recht einbezogen und der Ortsgerichtsbarkeit zugewiesen. Dasselbe gilt für Ex XXI 20.28f. und Ex XXII 1.2a. Das Eindringen der Todessanktion in das kasuistische Recht setzt die Beheimatung des apodiktischen Rechts als Sanktionsrecht par excellence an der lokalen Gerichtsinstitution voraus. Das sich aus dem kasuistisch formulierten horizontalen Konfliktregelungsrecht ausdifferenzierende soziale Schutzrecht beeinflußt auch die Überlieferungsgeschichte des apodiktisch formulierten Prozeßrechts. Die Neuinterpretation dieser Sammlungen in Ex XXIII 1b.7.8b. schließt sich gerade an die Rechtssätze an, die das Recht der sozial Schwachen wahren wollen.

Das Ortsgericht war im Ursprung eine Institution der Konfliktregelung zwischen den Familien einer Rechtsgemeinschaft der Sippe und des Ortes. Eine Autorität zur Durchsetzung von Sanktionen fehlte ihr. Ex XXII 15f. läßt noch deutlich erkennen, daß die Konfliktregelung des Ortsgerichts auf die Zustimmung der Prozeßparteien angewiesen war. Ex XXII 16 antizipiert bereits in einer Unterfallregelung die Weigerung des geschädigten Vaters. Die Rechtsgemeinde hat keine Erzwingungsinstitution zur Verfügung. Die Sanktionsfunktion hat ihren Ursprung in der Familie gebunden an die Autorität des pater familias und im intergentalen Blutfall in der Institution der Blutrache als unmittelbare Rechtsreaktion der geschädigten Familie. Aus dem kasuistischen Konfliktregelungsrecht differenziert sich ein Strafrecht aus, das gemeinschaftsschädigendes Verhalten wie Diebstahl durch Vervielfachung der Ersatzleistung sanktioniert und also durch Sanktionsandrohung verhindern will. Dieser Vorgang ist nicht zu lösen von der Abwanderung des apodiktischen Rechts an die lokale Gerichtsinstitution, mit dem auch die Sanktionsfunktion aus der Familie an das Ortsgericht abwandert. So können sich in Ex XXI 12-14 die Gattungen verzahnen. Damit verbunden kann durch die gesteigerte Verfahrensrationalität die Sanktion des Tötungsdelikts von der Erfolgshaftung gelöst und dem Prinzip der Schuldhaftung unterstellt werden (Ex XXI 13f.). Aus dem kasuistischen Recht als horizontalem Konfliktregelungsrecht differenziert sich darüber hinaus ein vertikales Konfliktregelungsrecht als soziales Schutzrecht für die Schwächsten in der Gesellschaft aus. Dieses wiederum beeinflußt das sich als eigenständig ausdifferenzierende apodiktisch formulierte Prozeßrecht. Am Ende dieses rechtshistorischen Differenzierungsprozesses sind mehrere eigenständige Rechte, das kasuistische Zivilrecht neben dem kasuistischen und apodiktischen Strafrecht und Prozeßrecht am lokalen Torgericht vereint.

Die Ausdifferenzierung der Rechtsfunktionen an der lokalen Gerichtsinstitution hat entscheidende Ursache in der zunehmenden sozialen Komplexität israelitischer Gesellschaft in staatlicher Zeit. Die Zahl der Fälle nimmt zu, in denen Rechtsfragen strittig sind. Es entsteht die Notwendigkeit zur Institutionalisierung von diversen Verfahren und zur Ausbildung differenzierter Rechte. In der zunehmenden Komplexität des israelitischen Rechts spiegelt sich die zunehmende soziale Komplexität und Heterogenität staatlicher Gesellschaft Israels. Die Umstrukturierung der Tribalgesellschaft zum Staat und die daraus resultierende Dynamik[213] von zunehmender Arbeitsteilung, Urbanisierung, Mobilität und also Lockerung des genealogischen Zusammenhalts sowie der Umstrukturierung der tribalen Subsistenzökonomie zu einer hierarchisch strukturierten Ökonomie der Mehrwertabschöpfung durch Steuern und Fron wirft Probleme auf, die das frühe kasuistische Recht als intergentales Konfliktregelungsrecht und das apodiktische Recht als gentales Grenzrecht nicht lösen können. Gerade in den Rechtssammlungen, die die Ausdifferenzierung der Rechtsfunktion besonders deutlich zeigen, hat sich auch die soziale Differenzierung von ʿaebaed (Ex XXI 2-11.20f.26), śakîr (Ex XXII 14b), ger (Ex XXII 20aα), ʿanî (Ex XXII 24), dăl (Ex XXIII 3) und ʾaebjôn (Ex XXIII 6)[214] niedergeschlagen. Nicht zufällig wird die Diebstahlsgesetzgebung zum Einfallstor des Strafrechts in das zivile Ersatzleistungsrecht. Der Schutz des Eigentums durch Sanktionen wird aufgrund der Differenzierung israelitischer Gesellschaft in ärmere und reichere Schichten in einem Maße dringend, das der Tribalgesellschaft unbekannt war. Das im Vergleich zum Keilschriftrecht niedrige Maß der Sanktion bei Eigentumsdelikten zeigt das israelitische Recht näher als das Keilschriftrecht an den tribalen Ursprüngen der Rechtsgeschichte. Mit der Ausdifferenzierung der Strafrechtsfunktion in der Überlieferungsgeschichte des Depositenrechts wird auch der Fall des Diebstahls durch den Depositar integriert. Spiegelt sich in der Ausdifferenzierung des Rechts an der Gerichtsinstitution die zunehmende Komplexität der israelitisch-staatlichen Gesellschaft, so deutet die Abwanderung des apodiktischen Rechts auf den damit verbundenen Funktions- und Machtverlust der israelitischen Familie. Die gesellschaftliche Macht einer Institution wird erkennbar an ihrer Fähigkeit, Sanktionen durchzusetzen, das Maß der Macht an der Schwere der durchsetzbaren Sanktionen.[215] In der Frühgeschichte Israels als akephaler Gesellschaft war die Familie das Zentrum der Macht. Die Auswanderung der Sanktionsfunktion aus der Familie und die Bindung an die lokale Gerichtsinstitution deutet auf ihren Machtverfall in einer Gesellschaft, in der die genealogische Integration wie die familiengebundene Subsistenzökonomie zunehmend an Bedeutung verlieren.[216] Übernimmt die lokale Gerichtsinstitution zunehmend Sanktionsfunktion, so drückt sich darin auch aus, daß sich Alternativlosigkeit und Selbstverständlichkeit des Handelns in tribaler Gesellschaft mit zunehmender Komplexität staatlicher Gesellschaft auflösen. Genealogisch integrierte, vorstaatliche Gesellschaft kommt an Sanktionsrecht mit dem apodiktischen Recht als familiarem Grenzrecht aus, das überlebenswichtige Normen der Familie als gesellschaftlich und ökonomisch wichtigster Gemeinschaft schützt. Verliert die Familie mit Abwanderung wichtiger ökonomischer und gesellschaftlicher Funktionen an überfamiliare Institutionen an Bedeutung und nehmen mit zunehmender Komplexität der Gesellschaft auch die Handlungsalternativen zu, so muß auch das überfamiliare Leben in der Gesellschaft zunehmend rechtlich normiert werden. Diese Funktion übernimmt neben dem weiter ausdifferenzierten apodiktischen Recht das zum sanktionierenden Strafrecht weiterentwickelte kasuistische Recht.

8.2. Systematisierungen und Rationalisierungen unterschiedlicher Rechte

Ist die israelitische Rechtsgeschichte die Geschichte der Ausdifferenzierung unterschiedlicher Rechtsfunktionen innerhalb des kasuistischen und apodiktischen Rechts, so ist sie gleichermaßen auch die Geschichte der Gegenbewegung in der Zusammenfassung und Systematisierung der ausdifferenzierten Rechte. Dieser Prozeß ist durchgängig in den Redaktionen der Gesetzessammlungen zu beobachten. Eine Reihe von Sammlungen fassen unterschiedliche Rechte durch die redaktionelle Anordnung in ein alternierendes A-B-Schema zusammen. In der Sammlung der *jᵉšallem*-Gesetze (Ex XXI 33-XXII 14) werden zivilrechtliche Gesetze der reinen Ersatzleistung (Ex XXI 33-36/XXII 4.5/9-14) und strafrechtliche Sanktionsgesetze (Ex XXI 37; XXII 2bα.[3]/6-8) alternierend zusammengeordnet. Diese Redaktionstechnik bestimmt auch die Struktur der Sammlung des Körperverletzungsrechts (Ex XXI 18-32), in der ebenfalls Zivilrecht (Ex XXI 18.19/22/26.27/32) und Strafrecht (Ex XXI 20.21/23-25/28-31) zusammengefaßt sind sowie die Sammlung apodiktischer Rechtssätze (Ex XXI 12-17), die familiares Grenzrecht und überfamiliares Strafrecht zusammenbindet. Rechtsformen und -funktionen, die sich im Differenzierungsprozeß voneinander gelöst haben, werden durch diese Redaktionen wieder zusammengefaßt und in der Zusammenfassung gegeneinander abgegrenzt. Der Aspekt der Abgrenzung von Zivilrecht und Strafrecht in Fällen der Körperverletzung bestimmt besonders die Struktur der Sammlung Ex XXI 18-32. Damit verbunden ist in dieser Sammlung noch eine weitere Technik der Systematisierung und Rationalisierung unterschiedlicher Rechte erkennbar. Die Rechtssätze haben eine systematisierende Mitte in der talionisch formulierten Regel Ex XXI 23b-25. Die talionische Regel wird auf einige Fälle der Todessanktion beschränkt, die die apodiktischen Rechtssätze bislang nicht erfaßten. Die Systematik greift also über die Grenzen der Sammlung hinaus und schließt eine Verhältnisbestimmung zum apodiktischen Recht ein. Dies ist paradigmatisch an dem Rechtssatz Ex XXI 18f. ablesbar. Durch die Falldefinition $w^e lo^{\circ} jamût$ wird der Fall $hikkā ^{\circ}iš ^{\circ}aet re^cehû$ von dem apodiktischen Rechtssatz $mäkkē ^{\circ}iš wamet$ abgegrenzt. Ex XXI 20 $w^ekî jäkkāē ^{\circ}iš ^{\circ}aet ^cabdô... umet$ ist in Abgrenzung von Ex XXI 18 und bezogen auf apodiktisches Recht formuliert. Der Schutz des Lebens durch die Androhung der Todessanktion wird in kasuistischer Formulierung auf den Sklaven ausgedehnt. Differenziert sich aus dem kasuistischen Zivilrecht ein Strafrecht aus, so muß das Verhältnis dieses neuen Rechts zum apodiktischen Recht als genuinem Strafrecht in verwandten Fällen geklärt werden.

Auch in der Sammlung des Despositenrechts (Ex XXII 6-14) sind bereits Ansätze der Systematisierung erkennbar. Durch die Überarbeitungsschicht Ex XXII 7aβb.8.9b.10.(14b) wird eine den einzelnen Rechtssatz überschreitende Systematik in der Sammlung explizit.[217] Das in der Neuinterpretation geschaffene komplexe System der Querverweise zwischen Ex XXII 6.8.9.13 leitet dazu an, den einzelnen Rechtssatz nicht nur auf ein konkretes Fallbild zu beziehen, sondern als Teil eines Ganzen der Sammlung zu interpretieren. Die Unmittelbarkeit der Beziehung von Einzelfall und Rechtssatz wird zugunsten einer größeren Abstraktheit der Rechtssystematik einer Sammlung aufgelöst. Ex XXII 8 wird zur ausdrücklichen Mitte $(^cal kål d^ebär paešā^c)$ in der Systematik der Sammlung. Ex XXII 8 steht im Kontext der anvertrautes Geld und Sachen regelnden Bestimmungen, schließt aber das folgende Gesetz über anvertraute Tiere mit ein. Über den unmittelbaren Kontext hinaus ist

Ex XXII 8 also auch für Ex XXII 9-11 gültig und regelt den Fall, daß der Depositar im sakralen Aufklärungsverfahren für schuldig befunden wurde (Ex XXII 10). Die Allgemeinheit der Falldefinition *(kål d^ebår paešā^c)* läßt Ex XXII 8 schließlich zum Rechtsparadigma über das Depositenrecht und also über die Grenzen der Sammlung hinausgreifend für alle ähnlichen Fälle von Eigentumsstreitigkeiten werden.[218] Ausdifferenzierung des Rechts und systematisierende Rationalisierung gehören als zwei sich bedingende, gegenläufig aufeinander bezogene Bewegungen zusammen. Unterschiedliche, ausdifferenzierte oder aus familiarem Rechtskreis ausgewanderte Rechte, die an einer Rechtsinstitution, dem Ortsgericht, verwendet wurden, müssen an den Punkten thematischer Berührung miteinander in Beziehung gesetzt und voneinander abgegrenzt werden. Die Tendenz zur Systematisierung ist Folge des Ausdifferenzierungsprozesses. Während die Ausdifferenzierung an den einzelnen Rechtssätzen abzulesen ist, ist die Systematisierung mit den Redaktionen der Rechtssammlungen verbunden.

Grenze des Systems[219], innerhalb dessen die Rechtssätze systematisiert werden, ist die jeweilige, sich im Laufe des Überlieferungsprozesses meist erweiternde literarische Einheit der Sammlung. Mit der Kodifizierung von Rechtssammlungen einzelner Rechtssätze kann eine den Rechtssatz überschreitende Systematik wirksam werden. Die überlieferungsgeschichtlichen Analysen haben gezeigt, daß durch die voranschreitende Verbindung ursprünglich selbständiger Rechtssammlungen bis hin zum ,,Bundesbuch'' (Ex XXI 2-XXIII 12) das Ganze, dessen Teil der einzelne Rechtssatz ist, immer umfangreicher, komplexer wird und damit der Grad der möglichen Systematisierung und Rationalisierung immer höher. Darüber hinaus ist der im Begriff der Systematisierung enthaltene Systembegriff über die literarische Ebene der Sammlung hinaus auf die institutionelle Ebene des Gerichts auszudehnen.[220] Es sind in der bisherigen Analyse Fälle deutlich geworden, in denen Rechtssätze unterschiedlicher Gattungen und Sammlungen aufeinander bezogen formuliert sind, um die jeweiligen Fallregelungen gegeneinander abzugrenzen. Dies gilt insbesondere für die Rechtssätze Ex XXI 18f. und Ex XXI 20f., die auf Ex XXI 12 bezogen formuliert sind. Ex XXI 18f. *(w^ehikkā ʾîš ʾaet rēʿēhû w^elōʾ jāmût)* grenzt die Körperverletzung als Fall des Ersatzrechts vom apodiktischen Todesrecht in Ex XXI 12 *(măkkē ʾîš wamet môt jûmat)* ab. Umgekehrt dehnt der Rechtssatz Ex XXI 20f. *(w^ekî jăkkāē ʾîš ʾaet ʿabdô umet...)* auf Ex XXI 18f. und darüber hinaus auf Ex XXI 12 bezogen formuliert den Schutz des apodiktischen Sanktionsrechts auf den Sklaven aus. Diese die Sammlungen überschreitende Systematisierung in Definition der Beziehungen und Grenzen der unterschiedlichen Rechte ist in der Verortung dieser Rechte an gemeinsamer Rechtsinstitution begründet.

8.3. Die Theologisierung des Rechts im Bundesbuch

Recht wird im antiken Israel dort theologisiert, wo die Rechtsbegründung aus sozialer Identität an den Bruchlinien israelitischer Gesellschaft in die Krise kommt. Angesichts der zunehmenden sozialen Heterogenität und Gemeinschaftszerstörung staatlicher Gesellschaft können soziale Gemeinschaft und Nähe (Ex XXII 24: ʾaet haeʿanî ʿimmak; Ex XXII 25: šalmāt reʿaeka; Ex XXIII 6: ʾaebjoneka) wie Volksidentität (Ex XXI 2: ʿaebaed ʿibrî; Ex XXII 24: ʿammî) immer weniger Begründungszusammenhang einer die Störung und Zerstörung eben dieser Gesellschaft begrenzenden Gesetzgebung sein. So beginnt konsequent der Theologisierungsprozeß im sozialen Schutzrecht. Das Sklavenrecht Ex XXI 2-11 wird durch das aus dem sakralen Aussonderungsrecht stammende 6/7-Schema implizit theologisch begründet. Explizit wird die Theologisierung in Ex XXII 20-26*. Über den paränetischen Appell hinaus fehlt zunehmend mit der sozialen Differenzierung der Gesellschaft das Subjekt zur Durchsetzung des Schutzrechtes.[221] Wird der paränetische Appell nicht beachtet, so bleibt dies in den älteren, aus der sozialen Identität begründeten sozialen Schutzbestimmungen in Ex XXII (20aα).24a*.25.26abα ohne Konsequenz. Ist ein Recht an die Grenze seiner Legitimation und Wirksamkeit gestoßen, so bedarf es eines neuen Begründungszusammenhanges, will man die dem Recht inhärente Intention nicht aufgeben. Eine Gesellschaft ist gezwungen, ihr Recht und damit verbundene Legitimation von Recht zu ändern, wenn das bisherige Recht neu entstehende Interaktionskonflikte nicht zu lösen vermag. Im israelitischen Armenrecht kommt eine sich aus der Gesellschaft begründende Rechtslegitimation angesichts dessen, daß die Gesellschaft selbst die Probleme schafft, die dieses Recht lösen will, an ihre Grenze. Tritt das soziale Schutzrecht zunehmend in Gegensatz zum Gesellschaftsprozeß und wird zu einer ihm gegenüber kritischen Instanz, so kann dieses Recht auch nur Begründung in einer das gesellschaftlich Gegebene transzendierenden, theologischen Dimension, in JHWH als Rechtsquelle, finden. Die Theologisierung des Rechts verhindert in einer zunehmend sozial zerklüfteten Gesellschaft nicht nur, daß aus dem Recht als Instrument aller ein Instrument der Wenigen wird, sondern begründet das Schutzrecht für die sozial Schwachen als Gotteswillen, indem es JHWH als Subjekt der Durchsetzung dieses Rechts einführt:

„Wenn du ihn (sc. den Fremdling) bedrückst, und er schreit zu mir, so werde ich sein Schreien hören". (Ex XXII 22 dazu Ex XXII 26bβγ).

Anknüpfungspunkt ist das altorientalisch weit verbreitete theologische Motiv des Gottes als des Königs, der ein offenes Ohr für die sozial Schwachen in der Gesellschaft hat. Diese Rechtsbegründung prägt die

Redaktion der Sammlung Ex XX 24-XXII 26. Die sozialen Schutzbestimmungen in Ex XXI 2-11 und Ex XXII 20-26* bilden den äußeren Rahmen der Gesetzesbestimmungen in der chiastischen Struktur der Sammlung. Die Armentheologie in Ex XXII 22.26bβγ formt den theologischen Schlußpunkt der Sammlung. Sie ist theologisch eng verwandt mit Ps XV, in dem sich der entsprechende, armentheologisch orientierte Integrationsprozeß von Recht in die JHWH-Religion beobachten läßt.[222]

Die Sammlung Ex XX 24-XXII 26 kommt in der armentheologisch ausgerichteten JHWH-Königsmotivik keilschriftlichen Rechtssammlungen nahe, die von der Fürsorge des Königs um eine den Schwachen schützende Rechtsdurchsetzung geprägt sind.[223] Entscheidender Unterschied aber liegt darin, daß in der israelitischen Rechtsüberlieferung die sozialen Bruchlinien der Gesellschaft zum Einfallstor der Theologisierung des Rechts werden, JHWH also direkt die Rolle des Rechtshelfers für die Armen übernimmt, während im Spiegel keilschriftlicher Überlieferungen der König auf soziale Mißstände durch Reformen *(mīšaram šakānum)*[224] reagiert. Die sozialen Krisensymptome, die angesichts unvollkommener Steuerungskapazität für antike staatliche Gesellschaften unausweichlich sind, werden im Zwei-Stromland mit dem Königtum als dem nachdrücklichsten Mittel staatlicher Organisationsform gelöst. Die keilschriftlichen Rechtskodices sind nur in Prolog und Epilog, nicht aber in dem davon überlieferungsgeschichtlich jeweils unabhängigen Gesetzeskorpus vermittelt über den König und also über Herrschaft theologisch legitimiert.[225] In Israel führt die soziale Krise direkt zu einer Theologisierung und Anrufung JHWHs als des Königsgottes. So wie die israelitische Rechtstradition ihre Unabhängigkeit vom Königtum wahren konnte, so war das Königtum auch nicht in der Lage, durch kontinuierliche Reformen die zunehmende soziale Heterogenität der israelitischen Gesellschaft als Folge der Hierarchisierung von Gesellschaftsstrukturen und Ökonomie aufzufangen. Die Institution des Königtums konnte nicht den sozialen Schaden beheben, den sie selbst verursacht hatte. Vor allem aber ist der beschriebene Unterschied zwischen israelitischer Rechtsgeschichte und der des Keilschriftrechts im Spezifikum israelitischer Religion begründet. Die monolatrische Religion Israels bringt JHWH zur Sprache als den Alleinverehrung fordernden, den weltüberlegenen Gott, der — im Gegensatz zu mythischer, in der Götterhierarchie jeweils Partikularaspekte der Wirklichkeit vermittelnder Religion — alle Partikularaspekte des Vorfindlichen transzendiert. Der Glaube Israels an diesen Gott als den einen setzt eine so große Dynamik zur zusammenfassenden Rationalisierung von Erfahrungen gesellschaftlicher Heterogenität und Dissonanz aus sich heraus, die altorientalisch-mythische Religionen nicht aufbringen. Je mehr die Gesellschaft an ihren Widersprüchen krankt und zerbricht, umso stärker formuliert sie ihre Einheit aus JHWH als dem einen Gott, der der einen, einheitlichen Lebenswelt Israels als der Herr gegenübersteht und also auch zur Quelle des Rechts werden kann.

Die Theologisierung der Rechtsbegründungen in der Sammlung Ex XX 24-XXII 26 verstärkt die Tendenz zur Rationalisierung unterschiedlicher Rechte, die nunmehr auf JHWH als die ihnen gemeinsame Rechtsquelle zurückgeführt werden. Die Ex XX 24-XXII 26 vorgegebenen Sammlungen haben die Rationalisierung nur dort in Angriff genommen, wo Rechte sich aus gemeinsamen Ursprüngen ausdifferenzierten oder unterschiedliche Rechte thematisch verwandt waren und der Abgrenzung bedurften. Dieser der Theologisierung des Rechts vorausgehende Rationalisierungsprozeß war in dem Bedeutungs- und Funktionszuwachs der lokalen Gerichtsinstitution begründet. Spiegeln sich in apodiktischem und kasuistischem Recht die zu unterscheidenden Rechtsquellen der Familie und überfamiliaren Rechtsgemeinde der Sippe und Ortsgemeinde wider[226], so beginnt mit der Abwanderung des apodiktischen Rechts an die lokale Gerichtsinstitution der Rationalisierungsprozeß, der durch die Rationalisierung, die aus der theologischen Rechtsbegründung folgt, fortgesetzt wird. In Ex XX 24-XXII 26 werden Konfliktregelungsrecht, Sanktionsrecht, soziales Schutzrecht, apodiktisches Strafrecht und Sakralrecht zusammengebunden und in JHWH als Rechtsquelle begründet. In der Zusammenfassung von Sakral- und Profanrecht wird die Bindung JHWHs nur an das Sakralrecht (Ex XXXIV 12-26*; par. Ex XXIII 15-19*) zugunsten einer Integration des Alltagslebens in den Gotteswillen aufgebrochen. Die an den Bruchlinien der heterogen gewordenen Gesellschaft und der daraus resultierenden Legitimationskrise des Rechts aufbrechende Theologisierung dieses Rechts ist in theologischer Perspektive aus dem Gottesbegriff Israels denkend konsequente Folge der in JHWH als dem Alleinverehrung fordernden Gott angelegten Universalität dieses Gottes.

Läßt sich in der Theologisierung des sozialen Schutzrechts (Ex XXI 2-11; XXII 20-26*) die Integration eines ursprünglich aus sozialer Identität begründeten Rechts in den Horizont der JHWH-Religion nachvollziehen, so zeigt sich in der überlieferungsgeschichtlich sekundären sozialen Interpretation des sakralen Aussonderungsrechts in Ex XXIII 10b.11aβγ.12b das Ausgreifen des Sakralrechts auf die soziale Alltagswirklichkeit der israelitischen Gesellschaft. In der Redaktion der Sammlung Ex XXII 28-XXIII 12 wird das sakrale Aussonderungsrecht zum theologischen Integrationsrahmen der Prozeßrechtssammlung Ex XXIII 1-3.6-8. Wird in den profanen Rechtsprozessen des Ortsgerichts Recht geschaffen, so wird der Wille JHWHs getan. Gemeinschaftstreuen soll Recht geschehen, so wie JHWH nicht den *raša'* gerecht spricht (Ex XXIII 7bβ). Die Ortsgerichtsbarkeit, die Integrationsort der verschiedenen Rechte war, wird damit JHWH unterstellt und JHWH zur Rechtsquelle aller Rechte. Der die beiden Rechtskorpora Ex XX 24-XXII 26 und Ex XXII 28-XXIII 12 zusammenarbeitende Redaktor der Sammlung Ex XX 24-XXIII 12 setzt diese Linie der Theologisierung der Rechtsbegründung unter armentheologischem Aspekt fort. Die sozialen Schutzrechte werden jeweils in chiastischer Korrespondenz auf sakrale Aussonderungsgebote bezogen. Der so gebildete chiastische Rahmen umfaßt Ex XXI 2-11 und Ex XXIII 10-12, während Ex XXII 20-26*/28f. nun den Kern bilden. In der dtr *b^erît*-Konzeption (Ex XXIV 3-8) wird die Zusammenfassung von Kult und alltäglicher Lebenswelt Israels expliziert als Ausdruck der Erwartung eines neuen, mit JHWH versöhnten Israel. Dem in seiner dtr Endgestalt vielschichtigen ,,Bundesbuch'' wird mit dem Dekalog ein den Gotteswillen verdeutlichender Maßstab vorangestellt.

Die Rechtsgeschichte Israels ist als Geschichte der Integration des Rechts in den Gotteswillen zu schreiben. In einer *sozialhistorischen Perspektive* gesellschaftlich vermittelter Erfahrung ist die Theologisierung des Rechts Folge der Krise einer Rechtslegitimation aus sozialer Identität in einer zerbrechenden und soziale Identität auflösenden Gesellschaft. Produziert die Gesellschaft ihre Schwachen und Außenseiter, so kann sie selbst immer weniger zur Begründung eines sozialen Schutzrechts aufgerufen werden. Es bedarf eines neuen, die Gesellschaft transzendierenden Begründungszusammenhanges. In JHWH als Rechtsquelle wird dieser neue Begründungszusammenhang gefunden. In einer *aus dem Gottesgedanken Israels denkenden Perspektive* ist die Theologisierung des Rechts Ausdruck der zunehmend explizit werdenden Universalität der Gottesherrschaft über die Alltagswirklichkeit Israels. Israel hat im Alleinverehrungsanspruch JHWH als den einen Gott auf den Begriff gebracht, der der Lebenswelt Israels als der einheitlich-einen als Herr und also auch Herr des Rechts gegenübersteht. Die dtr Interpretation des Bundesbuches hat diesen Zusammenhang zwischen Alleinverehrungsanspruch und Universalität der Herrschaft JHWHs auch über die Rechte explizit gemacht (Ex XX 23; XXIII 13).

Die in der Religions- und Rechtsgeschichte über lange Zeit vorherrschende Sichtweise der Rechtsgeschichte als Säkularisierungsprozeß aus pansakralen Ursprungen[227] ist überholt. H. S. Maine[228] sah den Ursprung des Rechts archaischer, genealogisch integrierter Gesellschaften in sakraler Ordnung, die Rechte und Pflichten in der Gesellschaft zuteile. Das Recht in einer solchen Gesellschaft sei durch den gesellschaftlichen Status bestimmt. Im Laufe der Rechtsgeschichte auf dem Wege in die Moderne sei die Bindung des Rechts an eine sakrale, die Gesellschaftsstruktur festlegende Sakralordnung mit der Krise dieser Ordnung aufgelöst worden. An die Stelle der sakralen Ordnung sei die Idee des Gesellschaftsvertrags getreten, die die Lösung des Rechts vom gesellschaftlichen Status zugunsten der Idee der Rechtsgleichheit aller ermöglichte. Erstarken einer politischen Zentralgewalt und Selbstbestimmungsrecht des Einzelnen bedingen einander. Schon die antiken Rechtskorpora seien in dem Nebeneinander von zivilrechtlichen, moralischen und religiösen Bestimmungen von diesem Auflösungs- und Säkularisierungsprozeß ergriffen. Die Gegenthese zu dieser Rekonstruktion der Rechtsgeschichte als Emanzipationsgeschichte ist wiederholt von A. S. Diamond[229] vertreten worden. Recht sei rechtshistorisch sekundär religiös legitimiert worden, weil mit zunehmend arbeitsteiliger Gesellschaft auch die Macht kultischer Institutionen zur Integration der Gesellschaft gewachsen sei. Die theologischen Rahmungen antiker Rechtskorpora wie das Nebeneinander von profanen und sakralen Geboten sei Ausdruck dieses Prozesses der Theologisierung von Recht. E. Hoebel und P. H. Nowell-Smith folgen in der Konsequenz der von A. S. Diamond entworfenen Perspektive der Rechtsgeschichte. P. H. Nowell-Smith[230] gründet in Anlehnung an B. Malinowski den Ursprung von Moral und Recht in der gesellschaftlich vermittelten Norm der Reziprozität, die von der Religion unabhängig sei. E. Hoebel[231] kann aufzeigen, daß die Verbindung von Recht und Religion Ergebnis zunehmender gesellschaftlicher Komplexität ist.

Diese Diskussion in der Disziplin der Rechtsgeschichte kehrt in der alttestamentlichen Wissenschaft wieder. Für J. Wellhausen[232] ist in Anlehnung an die römische Rechtsgeschichte die mündliche Priesterthora, die ius, fas und Ethos ungeschieden voneinander verband, der Wurzelgrund der israelitischen Rechtsgeschichte. Auf den Übergang Israels zu einer staatlichen Gesellschaft habe das israelitische Recht mit der Trennung eines Profan- von einem Sakralrecht reagiert. Als Reflex auf die große Schriftprophetie sei ein vom Recht geschiedenes Ethos entstanden. Die literarische Schichtung des Bundesbuches wurde von J. Wellhausen und seinen Schülern als Spiegel dieses Differenzierungsprozesses interpretiert.[233] So sei das bereits vom Sakralrecht geschiedene profane Fallrecht mit diesem in einem Rechtsbuch vereinigt worden. Das Sakralrecht sei zum Rahmen (Ex XX 24-26; XXII 17ff.) für das Profanrecht (Ex XXI 1-XXII 16) geworden. Wird die Rechtsgeschichte als Differenzierungsprozeß des Rechts aus kultischem Ursprung gedeutet, so muß begründet werden, was einen vorjehovistischen Redaktor veranlaßte, das vom Sakralrecht gerade getrennte Profanrecht im nachhinein sakralrechtlich zu rahmen. R. Smend (sen.)[234] sah in der Trennung von Profan- und Sakralrecht den Versuch einer Profanisierung von Recht und Ethos als Reflex prophetischer Kultkritik. Doch kann eine so dezidiert kultische Einleitung des Bundesbuches durch das Altargesetz und eine sakralrechtliche Umklammerung des Profanrechtes schwerlich als Ausdruck einer Säkularisierung des Rechts interpretiert werden.[235] So verwundert es nicht, daß sich die Gegenthese formulierte:[236] Das profanrechtliche Korpus von Ex XXI 1-XXII 16 (19) sei literarisch sekundär in eine vorgegebene sakralrechtliche Sammlung (Ex XX 22-26; XXII 27-30; XXIII 10-16) eingefügt worden, die darüber hinaus durch ethische Normen (Ex XXII 20-26; XXIII 1-9) erweitert worden sei. Die Rekonstruktion einer sakralrechtlichen Grundüberlieferung wurde von der Intention geleitet, eine dem jahwistischen Dekalog in Ex XXXIV 10-26* entsprechende elohistische Überlieferung zu rekonstruieren. War diese entwicklungslogische Perspektive der Wellhausen-Schule durch das altorientalische Vergleichsmaterial obsolet geworden und Rechtsgeschichte Israels zunächst durch die religions- und formgeschichtlich von A. Alt[237] so eindrücklich begründete These des Nebeneinanders profan-kanaanäischen und genuin israelitischen Rechts für lange Zeit auf die Ursprungsfrage reduziert, so brach die Frage nach dem Verhältnis des Rechts zu seiner theologischen Begründung umso schärfer wieder aus, als erkannt wurde, daß A. Alts formgeschichtliche Ursprungsorientierung der Komplexität israelitischer und außerisraelitischer Rechtsgeschichte als Rezeptionsgeschichte des Rechts nicht standzuhalten vermochte.[238] Die Redaktionsgeschichte der Rechtskorpora ist über die formgeschichtlich orientierten Arbeiten zur israelitischen Rechtsgeschichte hinausführend stärker als Quelle der Rechtsgeschichte Israels in Anschlag zu bringen. In den neueren Arbeiten zum Bundesbuch werden in nur modifizierter Form wieder die bereits von J. Wellhausen und seinen Schülern diskutierten Alternativen vertreten. ,,Entweder man versteht die paränetisch durchformten und theologisch befrachteten Teile als spätere Rahmung einer kasuistisch formulierten Rechtssammlung, oder man sieht es gerade umgekehrt und versteht die kasuistischen Rechtssätze als Einfügung in einen gegebenen Zusammenhang von kultrechtlichen Bestimmungen, von Gebots- und Verbotsreihen und von paränetischen Zusätzen''.[239] L. Rost[240], S. M. Paul[241] und G. A. Chamberlain[242] interpretieren die paränetisch zugespitzten ethischen und sakralen Normen in Ex XXII 17ff. als Anhang zu einer Sammlung kasuistischen Rechts in Ex XXI 2-XXII 16. Die Gegenposition wird von W. Beyerlin und J. Halbe vertreten. Ausgehend von der Beobachtung, daß Ex XX 22-26; XXII 20-XXIII 19 im Gegensatz zu Ex XXI 1-XXII 19 kultisch-paränetisch überformt sei, kommt W. Beyerlin[243] zu der These, daß eine profane Rechtssammlung Ex XXI

1-XXII 19 in die kultisch promulgierte Überlieferung Ex XX 22-26; XXII 20-XXIII 19 eingefügt worden sei. Diese Lösung hat J. Halbe[244] seiner These eines das frühe Israel religiös integrierenden Privilegrechts[245] zunutze gemacht. Die hier vorgelegte Analyse des Bundesbuches hat keinen Anhalt für eine gottesrechtliche Grundschicht ergeben, in die die Profanrechte integriert worden seien. Vielmehr ist ein kontinuierlicher Prozeß rechtsgeschichtlicher Entwicklung in Israel erkennbar geworden, der seinen Ausgangspunkt bei einer Mehrzahl von Rechtsquellen gesellschaftlich geschichteter Rechte nahm. Familiares Recht als Sanktionsrecht stand in Form und Funktion geschieden neben dem kasuistischen Recht als überfamiliarem Konfliktregelungsrecht und dem von diesen Rechten unabhängigen Sakralrecht als Gottesrecht. Der Israelit lebte also gleichzeitig in mehreren, sich überlagernden Rechtskreisen, die an den sich überlagernden Organisationsebenen der Gesellschaft orientiert waren. Zunehmende Komplexität staatlich strukturierter Gesellschaft Israels stärkte die Bindung von Recht an Verfahren in der lokalen Gerichtsinstitution und führte zur Ausbildung differenzierter Rechte einschließlich eines überfamiliaren Sanktionsrechts am Ortsgericht. Schon die staatliche Organisationsform setzte eine Entwicklung zur Rationalisierung apodiktischen und kasuistischen Rechts in Gang, die sich gemeinsam an der lokalen Gerichtsinstitution versammelten und in Beziehung zu dem kultischen Sakralrecht des Heiligtums traten. Waren diese Rechte der Ortsgerichtsbarkeit durch ihre Funktion in der Gesellschaft begründet, so konnte eine derartige Begründung dort nicht mehr greifen, wo Rechtssätze in einen Gegensatz zum Gesellschaftsprozeß traten und zugunsten der Schwachen und Armen kritisch eingreifen wollten. An den sozialen Bruchlinien israelitischer Gesellschaft setzte die Theologisierung des Rechts ein, die eine erstaunliche, aus der Universalität des Anspruches Gottes auf die Gesamtheit der Lebenswelt Israels gespeiste Dynamik entwickelte. Das Bundesbuch zeigt, daß das Sakralrecht auf die Alltagswelt Israels ausgriff und das Profanrecht theologisch begründet wurde. JHWH wurde als ein Gott erkennbar, der immer weitere Lebensbereiche Israels unter seinen Gestaltungswillen zog. Anders als es die an Säkularisierungsperspektiven orientierten Thesen zur israelitischen Rechtsgeschichte meinen, wanderten die Lebensbereiche als profanisierte also gerade nicht aus seinem Gestaltungswillen aus, sondern wurden in diesen hineingezogen. In der Theologisierung des Rechts wirkte der innerste Wesenskern dieses Gottes auf das Recht und führte es im Gedanken der Solidarität noch mit dem Feind (Ex XXIII 4f.) über die Möglichkeit des Rechts hinaus und ließ Recht zu Ethos werden.

9. AUSBLICK: RECHTSBEGRÜNDUNG UND THEOLOGIE IN MODERNER GESELLSCHAFT

W. Pannenberg[246] begründet eine prinzipielle Angewiesenheit des Rechts auf religiöse Legitimation anthropologisch. Das Recht habe das der privaten Beliebigkeit durch religiöse Bindung entzogene Werturteil zur Voraussetzung. Das anthropologische Argument bleibt unkonkret, wenn die Angewiesenheit des Rechts auf religiöse Begründung nicht im historisch Konkreten aufgesucht und erwiesen wird. Dem dient diese Studie zur Rechtsgeschichte des antiken Israel. Sie will zeigen, wie und warum Israel Begründung und Legitimation von Handlungsnormen aus dem Gesellschaftsprozeß in Begründungen aus dem Gottesbegriff überführt hat und darin die im Alleinverehrungsanspruch zur Sprache gebrachte universale Herrschaft des Gottes Israels konkret wurde. Stets hat Israel das Sollen aus einem Sein begründet. Es hat aber im Verlauf der Geschichte seines Rechts erkannt, daß das Sein des empirisch Gegebenen in seiner gesellschaftlichen Vermittlung nicht ausreichender Grund des Sollens sein kann, sondern nur in JHWH als Seinsgrund das Sollen, das zum empirisch Gegebenen in eine kritische Distanz tritt, Grund finden kann. Die in diesen Prozeß eingegangene theologische Logik wird sich auch heute überall dort als resistent erweisen, wo rechtliche und ethische Handlungsnormen nur aus der Logik des Gesellschaftsprozesses heraus begründet werden sollen. Erst im Gottesbegriff begründetes Recht und Ethos können widerständig gegen eine politische Funktionalisierung und frei gegenüber der Gesellschaft in ihren inhumanen Tendenzen sein. Eben diese Freiheit spiegelt sich auch an den Anfängen theologischer Begründung von Handlungsnormen in Israel dort wider, wo sie die Solidarität mit den Schwächsten der Gesellschaft fordern, die aus dem Gesellschaftsprozeß selbst nicht mehr begründbar war. Rechtshistorisch gewinnt im Alten Testament der ,,usus theologicus legis'' Funktion in der Krise des ,,usus politicus''. Theologisch ist darüber hinaus aber der ,,usus theologicus legis'' selbst als Krise des ,,usus politicus'' zur Sprache zu bringen. Das läßt noch einen Schritt weiter nach der Vermittlung dieser beiden Perspektiven schon in der Theologie des Alten Testaments fragen.

Theologisierung der Rechtsbegründung und daraus folgende Rationalisierung des Rechts in der einheitlichen Rückführung auf JHWH als Rechtsquelle ist in zwei aufeinander bezogenen Perspektiven zu beschreiben. Die Theologisierung des Rechts ist in der einen, beim historischen Konkretum ansetzenden Perspektive Reaktion auf die Krise israelitischer Gesellschaft und also der Begründung von Recht aus der Gesellschaft. Wird Recht in dieser Krise theologisch begründet, so wird darin auf Irrationalität und Leid einer sozial zerbrechenden Gesellschaft theologisch geantwortet: Die Einheit der Gesellschaft gründe sich im Gestaltung heischenden Gotteswillen. Sind die Rechte der Ortsgerichtsbarkeit und damit die Gestaltungsprobleme des gesellschaftlichen Alltagslebens erst einmal unmittelbar in JHWH gegründet, so gewinnt die Rechtsgeschichte ihrerseits prägenden Einfluß auf die Religionsgeschichte Israels und wirkt prägend auf Israels Gottesverständnis, das zunehmend auch in rechtlichen Kategorien begriffen werden konnte. Das über die theologische Begründung von Recht und die damit verbundene Erwartung, JHWH selbst werde dieses Recht durchsetzen, Überschießende immer neuer Erfahrung des unversöhnten Lebens, gesellschaftlicher Irrationalität und also des nicht theologisch integrierbaren Leidens wird zur permanenten Kritik an jeder theologischen Rechtsbegründung und fordert immer wieder deren Neufassung. Einen Höhepunkt bildet die dtr Interpretation des Bundesbuches in der Exilszeit. Aber in dieser, bei der konkreten historischen Erfahrung ansetzenden Perspektive ist der rechtshistorische Vorgang theologisch nur einseitig verstanden. In entgegengesetzter, vom Gottesbegriff Israels her denkender Perspektive begreift sich dieser Prozeß der Integration des Rechts in theologischen Horizont aus der im Alleinverehrungsanspruch auf den Begriff gebrachten Transzendenz und Universalität dieses Gottes als des Herrn der Lebenswelt Israels in ihrer Gesamtheit. Dieser Gott greift über den Anspruch auf exklusive Gestaltung des sakralen Lebens (Ex XXXIV 12-26* u.ö.) auf Israels Alltagsleben aus und unterstellt es in der Theologisierung des Rechts seinem Gestaltungswillen. Jede von Israel formulierte theologische Begründung von Recht aber findet ihre notwendige Kritik in der prinzipiellen Transzendenz und Weltüberlegenheit dieses Gottes, die zum Überschießenden über jede Objektivierung Gottes in den Rechtsbegründungen wird. In der Transzendenz JHWHs ist es begründet, daß jede Objektivation in einem endlichen Gottesbegriff wieder aufgehoben wird. So wie die über jede theologische Begründung von Recht überschießende Erfahrung von Unrecht stets die theologische Legitimation von Recht kritisiert und durchbricht und also die stete Neufassung fordert in der Erwartung ihrer Durchsetzung in der Erfahrung, Unrecht also letztlich nicht mit dem Gottesbegriff vermittelbar ist, so geht umgekehrt JHWH nicht im rechtsgründenden Gottesbegriff auf und fordert dessen stete Neufassung.[247] Diese beiden dialektisch aufeinander bezogenen Perspektiven sind endgültig nur eschatologisch miteinander zu vermitteln. Der Schmerz unversöhnter Endlichkeit ist auch der Schmerz des Absoluten in der Endlichkeit, die den menschlichen Begriff vom Absoluten einschließt. Mit der Theologisierung gewinnt die Rechtsgeschichte Israels Anteil an dieser Dialektik seiner Religionsgeschichte.[248]

Schließlich weist die Rechtsgeschichte des antiken Israel auf einen weiteren, aktuellen Gesichtspunkt: Wird in dieser Geschichte der Gott Israels als der erkannt, der zunehmend alle Lebensbereiche alltäglichen Lebens seinem Willen unterstellt und durch Normen strukturiert, so wird hier ein Prozeß erkennbar, der dem Gesellschaftsprozeß moderner Industriegesellschaften diametral entgegenläuft. In systemtheoretischer Perspektive beschrieben leiden diese Gesellschaften an zunehmender Differenzierung und Verselbständigung von Teilbereichen wie Ökonomie, Recht[249], Verwaltung, Kulturbetrieb und Wissenschaft, die in ihren Legitimationszusammenhängen zunehmend eigengesetzlich und damit einer umfassenden ethischen Reflexion unzugänglich werden.[250] So schwindet ein Horizont, der diese Subsysteme zu transzendieren und zusammenzuhalten vermag — ein Horizont, der mehr ist, als ihre zweckrationale ,,Kolonialisierung'' durch die Arbeitswelt. Gegen diesen Prozeß ist die sich in israelitischer Rechtsgeschichte zu erkennen gebende Universalität eines Gottes aufzurufen, der immer weitere Bereiche der Gesellschaft seinem Gestaltungswillen unterstellt. Im Namen dieses Gottes ist nach einer über die formale Zweckrationalität hinausgehenden, wertrationalen Begründung des Handelns in den Handlungsfeldern unserer Gesellschaft zu fragen, also nach theologischen Begründungskriterien für einen Gerechtigkeitsbegriff in der Verwaltung und Ökonomie wie nach theologischem Anhalt in der Rechtsbegründung.[251] Im Spiegel der Rechtsgeschichte des Bundesbuches wird ein Gott erkennbar, der die Kraft hat, dem alltäglichen Leben normativen Grund zu verleihen. Die Rechtsgeschichte Israels sollte auch dort zur Sprache gebracht werden, wo sich gegenwärtig das Gespräch um die Rechtsbegründung am Ende eines Weges von naturrechtlicher zu kulturrechtlich positivierter Legitimation befindet[252] und sich dennoch sträubt, nur noch von der Verfassungsgemäßheit der Gesetzgebungsprozeduren die Legitimation von Recht zu erwarten.[253] Eine zunehmend gesellschaftlich auseinanderstrebende und gerade deshalb nach Einheit rufende Welt verlangt, immer neu die Bindung von Recht und Ethos an den Gottesbegriff zu explizieren[254] — nicht als Explikation einer noch in der Säkularisierung festzuhaltenden ,,Urverwurzelung von Recht in Religion'',[255] sondern als des universalen Herrschaftsanspruches Gottes auf die Gesamtheit von Wirklichkeit und also auf das menschliche Handeln in allen Lebensfeldern. Die substantielle Vernunft ist in ihre Momente objektivierender Wissenschaft, universalistischer Moral, rationalistischen Rechts und autonomer Kunst auseinandergetreten. Die Verselbständigungen sind in ihrem historischen Recht anzunehmen — aber ihre Einheit ist für die Praxis als eine vernünftige Gestaltung der Lebensverhältnisse zu gewinnen.[256] Wie gewinnt sich Einheit anders als an den sozialen Bruchlinien innerhalb der Industriegesellschaften und in ihrem Verhältnis zu den Völkern der Dritten Welt?

ANMERKUNGEN

1 F. Müller, *Verfassung* Bd. 3 (1979) sowie H. Goerlich, *Wertordnung* (1973); vgl. auch H. Hellers These (*Schriften,* 1971, Bd. 2, 141ff.; Bd. 3, 305ff. 325ff.), die Diastase von materialer und formaler Rationalität positiven Rechts, die Vorstellung also, mit legaler Herrschaft sei die Satzung ,,beliebigen Rechts'' verbunden (M. Weber, *Gesellschaft,*[5]1972, 125), sei zu überwinden zugunsten einer Basierung nicht nur auf logischen, sondern auf sittlichen Rechtsgrundsätzen, die einem kulturkreisgebundenen ius naturale entstammen.

2 Im modernen Israel ist die entgegengesetzte Problemstellung virulent. Nicht das materiale Legitimationsdefizit säkularen Rechts, sondern die Gültigkeit religiösen Rechts in Teilbereichen öffentlichen Lebens eines wertpluralen, parlamentarisch-demokratischen Staates führt zu Problemen; s. dazu A. Bin-Nun, *Recht* (1983); vgl. auch die Aufsätze in dem Sammelband von H. H. Cohn (Hg.), *Jewish Law* (1971) sowie ders., ,,Methodology'', *Jew. Law Ann. S.* 1 (1980), 123-135; ders., ,,Jewish Law'', *Jew. Law Ann. S.* 2 (1980), 124-146.

3 s. dazu jüngst H. M. Barth, ,,Gesetz und Evangelium I'', (*TRE* 13), 126-142; Y. Ishida, ,,Gesetz und Evangelium III'', *a.a.O.,* 142-147; M. Welker, ,,Gesetz'' (*EvKom* 18), 680ff.; ders., ,,Erbarmen'' (*EvKom* 19), 39ff. Zur exegetischen Diskussion um das Verständnis des Gesetzes im AT s. A. H. J. Gunneweg, *Hermeneutik (ATD Erg.R.* 5), 85ff.; R. Smend/U. Luz, *Gesetz* (1981); K. Koch, ,,Gesetz I'' (*TRE* 13), 40-52 (Lit.).

4 *Composition* ([4]1963), 89f.

5 *Bundesbuch* (1892), 45ff.; ders., *HAT* I.2.1 jeweils z.St. Die Zuweisung von Ex XXIII 4f. zur Überarbeitungsschicht hat am Kriterium des Numeruswechsels keinen Anhalt. J. Holzinger (*KHC* II, XVIIIf. 78ff.) hat die Überarbeitungsschicht mit Ex XX 22.23; XXI 13b*.14b*; XXII 9*.22.20b.23.24.26 (abα?)bβ.30*; XXIII 8b.9b.10f.13a (14-19*) noch einmal erheblich ausgeweitet.

6 *ATD* 5, 139-142.151f.154.

7 *Dekalog (OBO* 45), 176-185.

8 Die Nähe von Ex XX 22 zu Ex XXI 1 unterstreicht auch J. Halbe, *Privilegrecht (FRLANT* 114), 441.501f.

9 Zur Frage der literarischen Einheitlichkeit von Dtn IV s. G. Braulik (*Rhetorik, AnBib* 68), der für die rhetorisch strukturierte Einheitlichkeit eintritt und S. Mittmann (*Deuteronomium 1, 1-6, 3, BZAW* 139, 115-132), der eine minutiöse Literarkritik zu Dtn IV vertritt; vgl. auch jüngst C. Dohmen, *Bilderverbot (BBB* 62), 200-210.

10 zu *śîm lipnê* (   ) s. Ex XIX 7; XXI 1; Dtn IV 44, s. dazu zuletzt B. S. Jackson, ,,Ceremonial'' (*JSOT* 30), 41; zu ʾellāē...hămmišpaṭîm s. Ex XXI 1; Dtn IV 45; zum verschleifenden Sprachgebrauch von *mišpaṭim* in Ex XXI 1 vgl. G. Braulik, ,,Gesetz'' (*Bib* 51), 61. Zur Kongruenz von Ex XXI 1 mit Ex XIX 6 ʾellāē hăddᵉbarîm ʾaśaer tᵉdābber ʾael bᵉnê jiśraʾel s. zuletzt B. S. Jackson, *a.a.O.*

11 s. Dtn XXIX 1; Jos XXIII 3; vgl. auch Dtn IV 3.9; VII 19; X 21f.; XI 7; dazu L. Perlitt, *Bundestheologie (WMANT* 36), 170.

12 Spezifikum von Ex XX 22b ist die Verknüpfung von Ex XIX 4aα mit Dtn IV 36. Exodus und Gebotsoffenbarung werden durch dieses Verfahren zusammengerückt. Daß aus Dtn IV 36 nur das Motiv der Himmelsoffenbarung, nicht aber das des Feuers übernommen wurde, ist angesichts der älteren, in Ex XIX bereits verankerten Theophanievorstellung verständlich und spricht keineswegs gegen eine dtr Prägung von Ex XX 22b; gegen F.-L. Hoßfeld, *Dekalog (OBO* 45), 179. Zur dtr Vorstellung göttlichen Wirkens vom Himmel s. Dtn XXVI 15; 1 Kön VIII 43.45. Die vordtr Theophanievorstellungen in Ex XIX nehmen dtr die Stellung ein, die das Motiv der Offenbarung im großen Feuer in Dtn IV 36 hat. Noch LXX[B] hat die enge Verbindung zwischen Ex XX 22 zu Ex XIX gesehen und durch die Lesung *min hăššamājim* in Ex XIX 3 unterstrichen.

13 *Dekalog (OBO* 45), 179f. 183.
14 vgl. C. Dohmen, *Bilderverbot (BBB* 62), 159.
15 *a.a.O.*, 154ff.
16 Allenfalls Ex XX 22aβ könnte nachdtr Zusatz sein; vgl. Jer XXIII 37; XL 4. Die Entscheidung aber fällt mit Ex XIX 3bβ, das kaum als Teil einer nachdtr Redaktion in Ex XIX 3b-9 aus dem Kontext zu lösen ist; gegen F.-L. Hoßfeld, *Dekalog, (OBO* 45), 186. Dem Versuch, eine nachdtr Redaktionsschicht abzuheben, fehlt es an eindeutigem, literarkritisch verwertbarem Anhalt am Text. Es bleibt dabei, daß Ex XIX 3bβ Teil der dtr Überlieferung ist; s. S. Mittmann, *Deuteronomium 1, 1-6, 3 (BZAW* 139), 146f.; zur Diskussion s. auch H. Cazelles, ,,Alliance'' *(FS W. Zimmerli)*, 77ff.
17 s. M. Rose, *Ausschließlichkeitsanspruch (BWANT* 106), 130 Anm. 4.
18 A. Cholewiński, *Heiligkeitsgesetz (AnBib* 66), 276f.
19 zum Text s. G. Seitz, *Deuteronomium (BWANT* 93), 180.
20 Die Reihenfolge von *ger- ʾalmanā - jatôm* im Gegensatz zu der im Dtn üblichen von *ger -jatôm - ʾalmanā* ist begründet im Bemühen um möglichst glatten Anschluß von *ʾotô* in V. 22 und also kaum Hinweis auf eine vordtr Provenienz von Ex XXI 20f.; gegen T. Krapf, ,,Fremdling'' *(VT* 34), 88.
21 zu *ḥarā ʾappî* s. Dtn VII 4; XI 17; XXXI 17; Ex XXXII 10 (dtr); Jos XXIII 16 (DtrN). Zur dtr Motivverbindung von Gotteszorn und Vernichtung s. Dtn XXIX 26; XXXI 17; Jos XXIII 16; Ri II 14.20; III 8; 2 Kön XIII 3; XXIII 26.
22 Zur Diskussion s. Verf., ,,Ethos'' *(ZAW* 98), 161-179.
23 so auch E. Hejcl, *Zinsverbot (BSt[F]* 12/4), 65; E. Neufeld, ,,Interest'' *(HUCA* 26), 366; E. Klingenberg, *Zinsverbot (AAWLM.G* 1976/7), 16.
24 s. J. Reindl, ,,*lāḥaš*'' *(ThWAT* 4), 551.
25 zu Dtn XXVI 5(b)-10a s. H. D. Preuss, *Deuteronomium (EdF* 164), 145ff.
26 Dieses Ergebnis der redaktionell-kompositorischen Funktion von Ex XXIII 9a widerspricht der These, dieser Prohibitiv sei Teil einer dem Bundesbuch vorgegebenen Prohibitivreihe. A. Jepsen *(Bundesbuch, BWANT* 41, 87) sieht in Ex XXII 20α; XXIII 9a Glieder einer Prohibitivreihe (Ex XXII 17.20.27a.b; XXIII 8a.9a.3.7a) und differenziert zwischen Ex XXII 20α und Ex XXIII 9a in der Form, daß es in Ex XXII 20α um das umfassende Verbot der Bedrückung des *ger*, in Ex XXIII 9a um seine Bedrückung im Gericht gehe. Diese Differenzierung ist aber vom Kontext von Ex XXIII 9a, der voranstehenden Prozeßrechtssammlung Ex XXIII 1-3.6-8, vorgegeben und widerspricht der These, Ex XXII 20α; XXIII 9a seien Glieder einer ursprünglich selbständigen Prohibitivreihe gewesen. W. Richter *(Recht, StANT* 15, 121f.) hat Ex XXIII 9 mit Ex XXII 21 als Glieder einer auch die Prohibitivreihe in Ex XXIII 1.6.8 umfassenden Reihe, die—Solidarität mit dem Schwachen fordernd—die Oberschicht Judas anspreche, zusammengezogen. Doch ist die Abtrennung von Ex XXIII 1.6.8 aus der Prozeßrechtssammlung kaum wahrscheinlich zu machen. Diese Sammlung will nicht den parteilichen Schutz der Schwachen allein, sondern will mit Ex XXIII 3.6 jede Rechtsverzerrung aufgrund der sozialen Stellung von der Gerichtsinstitution fernhalten. Die Prozeßrechtssammlung Ex XXIII 1-3.6-8 drückt nicht das Ethos einer Oberschicht aus, sondern zielt auf die Funktionsfähigkeit der Gerichtsinstitution. Ex XXIII 9 ist deutlich davon abgehoben und will nachträglich in dtr Geist das Prozeßrecht sozial akzentuieren.
27 s. *Privilegrecht (FRLANT* 114), 420.
28 s. *Privilegerecht (FRLANT* 114), 423ff.
29 so bereits H. Cazelles, *Etudes* (1946), 108f.
30 *Dekalog (OBO* 45), 183ff.
31 s. R. Smend, *Entstehung (ThW* 1), 118. Zur dtr Provenienz des Ausdrucks *ʾᵉlohîm ʾᵃḥerîm* s. L. Perlitt, *Bundestheologie (WMANT* 36), 36f. Zur Überlieferungsgeschichte vgl. M. Rose, *Ausschließlichkeitsanspruch (BWANT* 106), 21f.
32 Die Übereinstimmungen zwischen der von F.-L. Hoßfeld als priesterlich abgehobenen Redaktionsschicht mit den von A. Cholewiński *(Heiligkeitsgesetz, AnBib* 66, 137f.) zusammengestellten Charakteristika der Hauptredaktion des Heiligkeitsge-

setzes reduzieren sich auf die pluralische Anrede — was angesichts der Pluralanrede als Stilmittel dtr Schichten im Dtn doch wohl zu wenig ist. Die von F.-L. Hoßfeld (*Dekalog, OBO* 45, 184 Anm. 108) angeführten Belege des Wechsels von Injunktiv mit Prohibitiv sind z.T. nicht der Hauptredaktion des Heiligkeitsgesetzes zuzurechnen; s. nur zu Lev XIX 15.17 A. Cholewiński, *a.a.O.*, 46.292ff.

33 Die Kultgesetze Ex XXIII 14-19 gehörten bereits zur vorgegebenen Sinaiüberlieferung; s. Verf., *Mazzotfest* (*BWANT* 107), 238ff.
34 *Privilegrecht* (*FRLANT* 114), 391-505.
35 s. R. P. Merendino, *Gesetz* (*BBB* 31), 88.94f.; H. D. Preuss, *Deuteronomium* (*EdF* 164), 134.
36 s. J. Halbe, *Privilegrecht* (*FRLANT* 114), 475.
37 s. J. Halbe, *a.a.O.*, 424.427.454.497.
38 *Exodus 21-23* (1977), 108-170.
39 s. L. Perlitt, ,,Brüder'' (*FS G. Bornkamm*), 40.
40 s. J. Halbe, *Privilegrecht* (*FRLANT* 114), 416; V. Wagner, ,,Systematik'' (*ZAW* 81), 176.
41 J. Halbes These (*Privilegrecht, FRLANT* 114, 416ff.), Ex XXII 19b markiere einen strukturierenden Einschnitt der ,,Ausbaustufe II'', ist nicht sehr tragfähig, hat doch Ex XXII 19b die nächste Parallele in 1 Sam VII 4 (DtrN); s. T. Veijola, *Königtum* (1977), 44ff. 83f.
42 vgl. J. Halbe, *Privilegrecht* (*FRLANT* 114), 428.
43 Dieser Vers steht wie eine Überschrift über den folgenden Gesetzen in Ex XXII 28-XXIII 12. Es ist nicht eindeutig zu entscheiden, wann dieser Vers in dieser Funktion in die Überlieferung des Bundesbuches kam. Möglicherweise gehört er in die literarische Nachgeschichte. Dafür spricht die Affinität zu später Motivik und Sprachgestalt; s. R. H. Pfeiffer, ,,Book of Covenant'' (*HThR* 24), 106.
44 zu *šlm* (Pi) als Rechtsterminus der Ersatzleistung s. D. Daube, *Law* (1947), 132ff.
45 zu vergleichbarem Redaktionsprinzip in CH s. H. Petschow, ,,Systematik'' (*ZA* 57), 170f. Zum Versuch, das Maß der Sanktion aus dem Maß der Schädigung zu erklären s. D. Daube, *Law* (1947), 133.
46 Sie wird noch dadurch unterstrichen, daß der Inf. abs. *šallem* neben diesen Belegen nur davon abgeleitet in Jer LI 56 Verwendung findet. Mit Recht hat G. Liedke (*Rechtssätze, WMANT* 39, 42f.) H. J. Boeckers (*Redeformen, WMANT* 14, 149) These zurückgewiesen, *jᵉšallem* sei eine Aufweichung einer ursprünglichen Restitutionsformel *šallem jᵉšallem*. Aber auch G. Liedkes These, *šallem* sei vorangestellt, um *jᵉšallem* die x-*yiqtol*-Stellung des ,,heischenden Präsens'' zu verleihen, scheitert an der *primo loco*-Stellung von *jᵉšallem* im Nachsatz in Ex XXII 6b.11.u.ö., die kaum textkritisch (*a.a.O.*, 36f. Anm. 2) zu beseitigen ist. Die Funktion von *šallem* ist die der Verstärkung, die kompositorisch genutzt wurde.
47 Hier zeigt sich noch ein Stadium der Ökonomie im Übergang von der Natural- zur Geldwirtschaft; vgl. M. Weber, *Religionssoziologie* Bd. 3 (⁶1976), 66ff.; A. Menes, *Gesetze* (*BZAW* 50), 24f. Zu parallelen Erscheinung im Ešnunna-Gesetz s. V. Korošec, *Keilschriftrecht* (*HO Erg.Bd.* 3), 87.
48 s. dazu G. Liedke, *Rechtssätze* (*WMANT* 39), 39ff. 53ff.; vgl. auch bereits G. Lautner, *Streitbeendigung* (*LRWS* 3), 35ff.
49 Der Begriff des Strafrechts wird hier für sanktionierendes Recht, der des Zivilrechts für das reine Konfliktregelungsrecht gebraucht; so auch E. Gerner, *Straftatbestände* (1934), 20-22. Der Aspekt einer Differenzierung zwischen Privatrecht und öffentlichem Recht dagegen ist der Rechtsgeschichte des antiken Israel unangemessen, da das Recht nicht Funktion des Staates wurde. So behielt die Privatstrafe der Blutrache über lange Zeit öffentlich relevante Sanktionsfunktion; zur Geschichte der Abgrenzung der *delicta privata* von den *delicta publica* s. B. Rehfeldt, *Rechtswissenschaft* (⁴1978), 34ff. Auch das reine Konfliktregelungsrecht war von eminent öffentlichem Interesse. Eine generelle Subsumierung des kasuistischen Rechts unter das Zivilrecht (so u.a. H. Cazelles, *Études*, 1946, 117ff.) berücksichtigt nicht das Eindringen der Sanktion als ,,öffentliche'' Funktion in dieser Rechtsgattung. Gegenüber der

Differenzierung also durch die Kriterien der Ersatzleistung und Sanktion (vgl. E. Gerner, a.a.O., 25f.) ist die zwischen privaten und öffentlichen Rechtsfunktionen für Israel wenig tragfähig, da sich in der recht einfach strukturierten Gesellschaft auch des staatlichen Israel private und öffentliche Lebensbereiche nicht recht abgrenzen lassen; s. dazu M. J. Buss, ,,Distinction'' (*PWCJS* 6/1), 51ff. Nur in den komplexeren Gesellschaften des Keilschriftrechts ist daher auch eine Differenzierung zwischen Privatstrafrecht und Kriminalstrafrecht sinnvoll; s. dazu R. Haase, *Rechtsquellen* (1965), 112. A. Phillips These (*Law,* 1970; ders., ,,Decalogue'', *JJS* 34, 1-20) eines sakralen Strafrechts, das als Todesrecht den Bund Israels mit JHWH und die Bundesgemeinschaft in Israel schütze, ist nicht an frühisraelitischer, sondern dtr Rechtsbegründung orientiert. Dies gilt gleichermaßen auch für W. Preisers These (,,Vergeltung'', *WdF* 124, bes. 276) eines altisraelitischen ,,öffentlichen Strafrechts'', durch das das vor JHWH Böse aus Israel ausgetilgt werden solle. Neben dtr Belegen (Dtn XIII 6; XVII 7; XIX 19; XXII 21.24; Ri XX 13) stützt sich W. Preiser nur auf den aus dem Sakralrecht stammenden Beleg Jos VII 12.

50 meʿimmô (Ex XXII 11) bezieht sich also auf reʿehû in Ex XXII 9a.
51 zu Ex XXII 8 s. die ausführliche Diskussion bei R. Knierim, *Hauptbegriffe* (1965), 143-184; H. J. Boecker, *Recht* (*NStB* 10), 148f.; B. S. Jackson, *Theft* (1972), 238ff.; F. C. Fensham, ,,Transgression'' (*JNWSL* 5), 30f.
52 Von daher dürfte auch Licht auf die in keilschriftlichen Rechtskorpora häufig zu beobachtende ,,Attraktion'' (s. dazu H. Petschow, ,,Gesetze'', *FS. M. David* Bd. 2, 143) fallen.
53 Dies zeigt sich in den so unterschiedlichen Thesen von A. Phillips und K. Whitelam zu Ex XXII 6ff. Während K. Whitelam (*King, JSOT S.* 12, 45) Ex XXII 6ff. als Zeugnis einer bereits vorstaatlichen Verbindung von Ortsgericht und Ortsheiligtum auswertet, hält A. Phillips (*Law,* 1970, 22.135ff.) die Mitwirkung von Priestern in der Ortsgerichtsbarkeit für dtr Motivik.
54 s. G. C. Macholz, ,,Justizorganisation'' (*ZAW* 84), 326. Die königliche Rechtssprechung überschneidet sich mit dem kultischen Rechtsentscheid in dem Anspruch, Fälle, die für die Ortsgerichtsbarkeit unentscheidbar sind, zu lösen (s. 1 Kön III 16-28); vgl. G. C. Macholz, ,,König'' (*ZAW* 84), 172f. K. Whitelam (*King, JSOT S.* 12, 155ff.) hat darin die Ablösung des kultischen Rechtsentscheids sehen wollen. Im Blick auf die Josaphat-Reform räumt aber auch K. Whitelam (*a.a.O.*, 198) ein, daß die priesterliche Mitwirkung am Rechtsentscheid des Ortsgerichts niemals gänzlich unterdrückt werden konnte.
55 Sieht man in Dtn XVI 18 den Reflex einer der Josaphat-Reform folgenden Ausweitung (königlicher) Richterjudikatur auf die lokalen Gerichte (so J. Salmon, *Authority,* 1968, 381f.), so wird man die Neuinterpretation von Ex XXII 6-14 in diese Nachgeschichte der Josaphat-Reform einordnen können; vgl. auch G. C. Macholz (,,Justizorganisation'', *ZAW* 84, 324), der mit einer allmählichen Einflußnahme der königlichen Richterjudikatur auf die Ortsgerichtsbarkeit rechnet. Die Vorgeschichte der Josaphat-Reform liegt völlig im Dunkeln. Die Entwicklung zur Richterjudikatur wird sich nicht schlagartig, sondern allmählich vollzogen haben. Doch wissen wir zu wenig über den Umfang staatlicher Einflußnahme auf die Ortsgerichtsbarkeit in der Zeit vor Josaphat; s. dazu mit unterschiedlichem Ergebnis die Aufsätze von G. C. Macholz und die Arbeit von K. Whitelam.
56 s. auch Ex XVIII 13-26 als mosaische Ätiologie der Josaphat-Reform; vgl. R. Knierim, ,,Exodus 18'' (*ZAW* 73), 146-171.
57 Eine der Depositenrechtssammlung Ex XXII 6-14 verwandte Entwicklung hat auch das Keilschriftrecht durchlaufen. Mit der Einführung der Verschuldenshaftung anstelle der begrenzten Erfolgshaftung gewinnt der Reinigungseid an Bedeutung; s. M. S. San Nicolò, *Rechtsgeschichte* (1931), 184ff.
58 so u.a. A. Menes, *Gesetze* (*BZAW* 50), 29.
59 *Studies* (1947), 90ff.
60 s. auch B. S. Jackson, *Theft* (1972), 41ff.
61 zur Deutung von Ex XXII 2bβ im Sinne der *addictio* s. B.S. Jackson, *a.a.O.*, 140f.

62 Die Determinierung *hagganab* soll die Verknüpfung mit Ex XXI 37 leisten; s. B. S. Jackson, *a.a.O.*, 49ff.
63 s. K. Koch, ,,Blut'' (*WdF* 125), 452.
64 Die Formel *damô* (*damaeka*) *bô? ʿāl ro?š* (*aeka*) reicht kaum aus, um die Blutrache außer Kraft zu setzen, gegen K. Koch, *a.a.O.*, 452. Es bedarf des Verfahrens, das die Umstände der Tötung gemäß Ex XXII 1.2a klärt und die Blutrache für einen potentiellen Bluträcher öffentlich anerkannt außer Kraft setzt; s. H. J. Boecker, *Rechtsleben* (*WMANT* 14), 138f.
65 Ob im Falle der Aussetzung der Blutrache die Asylfunktion des Heiligtums (Ex XXI 13f.) greift, oder in Abgrenzung von Ex XXI 13f. jede Rechtsfolge im Fall *ʾēn damim lô* unterbleibt, ist nicht mehr zu klären. In jedem Falle aber hat Ex XXII 1.2a, sei es in Anwendung oder in Abgrenzung von kultischer Asylfunktion, einen Bezug zu kultischer Rechtsthematik. Die Überarbeitung des Diebstahlverbots rückt damit in die Nähe der Überarbeitungsschicht des Depositenrechts in Ex XXII 7aβb.8.9b.10. Auf die Nähe von Ex XXII 2bβ zu Ex XXII 14b war bereits hinzuweisen. Die Nähe von Ex XXII 1.2a zu Ex XXI 13f. hat u.a. auch A. Jepsen (*Bundesbuch*, *BWANT* 41, 37 Anm. 3) unterstrichen. Eine literarische Verbindung von Ex XXI 12-14 mit Ex XXII 1.2a aber ist die falsche Schlußfolgerung aus dieser Beobachtung.
66 Gegen B. S. Jackson (*Theft*, 1972, 132f.), der in Ex XXII 3 eine in ihren Ursachen nicht mehr zu erhellende Tendenz zur Strafmilderung am Werk sieht.
67 s. G. R. Driver/J. C. Miles, *Laws* Bd. 1 (²1956), 80ff.
68 *Ethos* (*BZAW* 67), 126. S. M. Paul (*Studies*, *VT S.* 18, 39.86f.91u.ö.) hat diesen sozialen Zug mit der spezifischen, schöpfungstheologisch begründeten Anthropologie Israels erklärt. Davon wird in den Rechtssätzen nichts explizit. Zur Interpretationsweise alttestamentlicher Rechtssätze aus implizitem Spezifikum israelitischen Welt- und Menschenverständnisses in Abgrenzung zur altorientalischen Rechtskultur (so M. Greenberg, ,,Criminal Law'', *FS Y. Kaufmann*, 5-28; J. J. Finkelstein, ,,Goring Ox'', *Temple Law Quat.* 46, 169-290; ders., ,,Ox'', *TAPhS* 71, 1-89) s. die Kritik von B. S. Jackson, ,,Legal History'' (*SJLA* 10), 25-63; ders., ,,Ceremonial'' (*JSOT* 30), 35f.38. V. Maag (,,Schuld'', *Ges. Stud.*, 234-255; ders., ,,Kosmos'', *a.a.O.*, 329-341) deutet das Recht Israels ebenfalls aus einem als diesem inhärent begriffenen Weltverständnis, das aber gerade in der Kontinuität mit altorientalischer Umwelt interpretiert wird.
69 *Recht* (*NStB* 10), 145.
70 s. dazu S. F. Moore, *Law* (1978), 54ff. 181ff.
71 Die von D. Daube (*Studies*, 1947, 93f.) entworfene Entwicklungslinie der Abmilderung der Todessanktion für jeglichen Diebstahl bis zu den Regelungen in Ex XXI 37-XXII 3 ist umzukehren; s. B. S. Jackson, *Theft* (1972), 142ff. Die im Keilschriftrecht vorgesehene Todessanktion bei Eigentumsdelikten, die insbesondere Tempel oder Palast schädigen (s. CH §§ 6.8.21), ist Endpunkt einer Entwicklung. Der unmittelbare Zusammenhang zwischen Gesellschaftsstruktur und Recht zeigt sich im Keilschriftrecht darin, daß sich die Schärfe der Sanktion steigert, je höher der gesellschaftliche Status des Geschädigten ist; s. nur CH § 8. Das Recht übernimmt also auch die Funktion, die hierarchisierte Gesellschaftsstruktur zu schützen, wobei der Grundsatz der Rechtsgleichheit noch unbekannt ist. Umgekehrt war es nicht ohne Einfluß auf die israelitischen Diebstahlsgesetze, die eine derartige Abstufung der Sanktionen nicht kennen, daß das kasuistische Recht lange in der Obhut der Ortsgerichte und damit frei von staatlicher Einflußnahme blieb. So sind die Sanktionen eher an bäuerlicher Überlebenssicherung als an der Sicherung hierarchischer Gesellschaftsstruktur und einer daraus resultierenden Eigentumsordnung interessiert.
72 vgl. H. Ringgren, ,,*bāʿar*'' (*ThWAT* 1), 730f.
73 Die unterschiedlichen Lesarten in Ex XXII 4f. (s. S. M. Paul, *Studies*, *VT S.* 18, 88f.) haben ihren Grund in dem Versuch, die noch erkennbaren Unebenheiten überlieferungsgeschichtlicher Mehrschichtigkeit auszugleichen.
74 Entsprechend zeigen diese Gesetze, die wohl ebenfalls ursprünglich eine eigene

Sammlung bildeten, keine Spuren eines überlieferungsgeschichtlichen Prozesses der Neuinterpretation. Ex XXI 35 hat eine enge Parallele in LE 53; vgl. R. Yaron, *Eshnunna* (1969), 196. Für Ex XXI 36 fehlt eine derartige Parallele. Auf ein überlieferungsgeschichtliches Gefälle zwischen Ex XXI 35 und Ex XXI 36 ist daraus kaum zu schließen; anders B. S. Jackson, *Legal History* (*SJLA* 10), 145ff.
75 s. dazu M. Barkun, *Law* (1968), 14ff.; W. Fikentscher, ,,Synepëik'' (1980), 73ff.
76 Das Motiv der höheren Gewalt ist im Depositenrecht schon in der Isin-Larsa-Zeit thematisiert; s. V. Korošec, *Keilschriftrecht* (*HO I Erg. Bd.* 3), 80.
77 zum Redaktionsprinzip von Fall und Gegenfall im CH s. H. Petschow, ,,Systematik'' (*ZA* 75), 171; C. Locher, *Ehre* (*OBO* 70), 110 ff.
78 vgl. dazu auch A. Phillips, ,,Murder'' (*JSS* 28), 105-126.
79 Zu *kopaer* als ,,Lebensäquivalent'' in diesem Kontext s. B. Janowski, *Sühne* (*WMANT* 55), 154ff. Den Aspekt der ,,Begnadigung'' sollte man nicht so weit in diesen Rechtszusammenhang eintragen, daß die geschädigte Familie als Subjekt barmherzigen Handelns dem Schuldigen die Befreiung von der Todesverfallenheit eröffnet. Die ʾim-Formulierung des Unterfalls ist nicht in dem Sinne konditional zu verstehen, daß sie ein Verweigerungsrecht der Geschädigten impliziert. Der Gnadenaspekt ist so nicht in der semantischen Konnotation von *kopaer* zu verankern. Er liegt vielmehr im Gesetz selbst, das die Ablösung von Blutschuld eröffnet.
80 vgl. E. A. Speiser, ,,PLL'' (*JBL* 82), 301-306. Dies gilt insbesondere, wenn das Alter des ungeborenen Kindes eine Rolle bei der Festsetzung der Ersatzleistung spielt; s. S. M. Paul, (*Studies, VT S.* 18), 71f. Eine priesterliche Überwachung der Urteilsvollstreckung (so G. Liedke, *Rechtssätze, WMANT* 39, 45) sollte man dagegen nicht daraus konstruieren.
81 Ex XXI 20 fordert unter Verwendung des Lexem *nqm* die Todessanktion. *nqm* steht ursprünglich für die Privatstrafe, die sich gegen Personen außerhalb des eigenen Rechts- und Gewaltbereichs bis hin zur Blutrache richtet. Der Sklave ist in seinem Rechtsschutz darin reduziert, daß für ihn, den aus seinem Familien- und Sippenverband herausgerissenen, niemand zur Durchsetzung der unmittelbaren Sanktion zur Verfügung steht. In diese Lücke kann nun ein Gericht eintreten. Eben dieser Vorgang dürfte hinter Ex XXI 20 stehen; s. auch F. C. Fensham, *Exodus* (1970), 154. Ist die Racheinstitution hier an ein Gericht gebunden, so wird ähnliches auch für Ex XXI 23 gelten. Durch die talionische Regel wird der Schutz durch die Todessanktion auf die israelitische Frau ausgedehnt. Die Blutracheinstitution galt ursprünglich wohl nur für den Schutz des israelitischen Mannes. Zur Verbindung von Gerichts- und Blutracheinstitution s. Ex XXI 12-14.
82 s. auch J. P. M. van der Ploeg, ,,Slavery'' (*VT S.* 22), 79f. Die Unterstellung des Sklaven unter den Schutz der Todessanktion kennt das Keilschriftrecht nicht; s. S. M. Paul, *Studies* (*VT S.* 18), 68f.
83 s. B. S. Jackson, ,,Exod. XXI 22-25'' (*VT* 25), 274ff. Die Deutung von ʾasôn auf eine Gewalttat, deren Verursacher unbekannt sei (so R. Westbrook, ,,Lex talionis'', *RB* 93, 56), läßt sich aus Gen XLII 4.38; XLIV 29 nicht wahrscheinlich machen.
84 s. A. Alt, ,,Recht'' (*KlSchr* 1), 303f.; V. Wagner, *Rechtssätze* (*BZAW* 127), 3f.
85 *If-You Form* (*SBLDS* 15), 70ff.
86 Für die überlieferungsgeschichtliche Nahtstelle zwischen Ex XXI 23 und Ex XXI 24 spricht auch, daß Ex XXI 23b in keilschriftlich-talionischen Bestimmungen zu Körperverletzungen (s. CH §§ 196f. 200) keine Entsprechung hat. Auch Lev XXIV 18b ist von V. 20a getrennt ursprünglich selbständig gewesen. Die talionischen Formulierungen in V. 18b.20a stören die chiastische Strukturierung von Lev XXIV 17-21 (s. H. W. Jüngling, ,,Talionsformeln'', *ThPh* 59, 22f.) und sind also kaum überlieferungsgeschichtlicher Grundstock dieses Abschnittes; gegen R. Kilian, *Heiligkeitsgesetz* (*BBB* 19), 115. Ist Lev XXIV 18 überlieferungsgeschichtlich sekundär im jetzigen Kontext, läßt sich auch mit Lev XXIV keine substitutionsrechtliche Interpretation von Ex XXI 23b begründen; gegen B. S. Jackson, ,,Exod. XXI 22-25'' (*VT* 25), 293. Bezieht B. S. Jackson V. 22 auf die Frühgeburt, V. 23 auf

die Fehlgeburt, so steht dem entgegen, daß das Keilschriftrecht eine derartige Differenzierung nicht, wohl aber die Verbindung von Bestimmungen über Fehlgeburt und Schlagen einer Frau (Lipit Ištar Kol. III 2-4; CH §§ 209-214; mass. C. §§ 21; 50-52) kennt. Vor allem aber müßte angenommen werden, daß bei der Verbindung mit V. 24f. das voranstehende Gesetz völlig neu von der ursprünglichen Intention abweichend interpretiert wurde; vgl. auch J. Weingreen, ,,Retaliation'' (*PIA* 76 Sect. C), 1-11. R. Westbrooks Deutung von Ex XXI 22-25 auf eine Kompensationspflicht der Rechtsgemeinde bei Körperverletzungen durch einen nicht bekannten Täter übersieht die Parallelität der Protasis mit der in Ex XXI 18. Dort gilt der Täter als bekannt; s. auch Anm. 83.
87 s. H. Cazelles, *Études* (1946), 56f.
88 *Bundesbuch* (*BWANT* 41), 29ff.
89 s. nur B. Baentsch, *HAT* I 2.1, 193ff.
90 s. H. Cazelles, *Études* (1946), 54.
91 s. H. Gilmer, *If-You Form* (*SBLDS* 15), 70f.
92 I. Cardellini (*Sklavenrecht*, *BBB* 55, 258ff.) erklärt die Differenz zwischen Ex XXI 20.26f. und Ex XXI 32 aus einer unterschiedlich intensiven israelitischen Bearbeitung des keilschriftrechtlichen Sklavenrechts. Es fehlen aber die Kriterien, um innerhalb von Ex XXI 20f. und Ex XXI 32 Bearbeitungsschichten abheben zu können.
93 s. auch D. Daube, *Law* (1947), 106; B. S. Jackson, *Legal History* (*SJLA* 10), 15.
94 s. G. Liedke, *Rechtssätze* (*WMANT* 39), 94ff.
95 so mit B. S. Jackson, *Legal History* (*SJLA* 10), 151f.
96 Zum priesterlichen Einfluß in Lev XXIV 15b-21 s. D. Daube, *Law* (1947), 110ff.; A. Cholewiński, *Heiligkeitsgesetz* (*AnBib* 66), 100. Die Unausgeglichenheit von Ersatzzahlung des Eigentümers im Falle der Tötung durch ein stoßendes Tier (LE 54/55) und der Todessanktion für den Eigentümer einer zusammengebrochenen Mauer, die einen Menschen erschlagen hat (LE 58; zur Diskussion s. R. Yaron, ,,Goring Ox'', 1971, 55f.), zeigt, in welchem hohen Maße die Systematisierung in Ex XXI 18-32 im Vergleich zum LE vorangeschritten ist.
97 Wurden die talionischen Regeln als Primitivrecht (H. Cazelles, *Études*, 1946, 152; D. Daube, *Law*, 1947, 102ff.) oder als hoch entwickelte Strafrechtsbestimmungen (A. S. Diamond, ,,Eye'', *Iraq* 19,151; J. J. Finkelstein, ,,Edict'', *JCS* 15, 98) gedeutet, so dürfte sich eine derartige Alternative als zu einfach erweisen. Die erst sekundäre Übernahme der talionischen Regeln in den Kontext des kasuistischen Rechts hat eine überraschende Parallele im erst späten Eindringen in die keilschriftrechtliche Überlieferung des CH. Grundprinzip altbabylonischen Rechts ist das Prinzip des Schadensersatzes im Gegensatz zur Talion. Ersatz und talionische Regeln waren in Israel und Mesopotamien in jeweils unterschiedlichen Tradentenkreisen beheimatet. Davon abzuheben ist die Frage nach dem rechtshistorischen Ursprung der Talion in archaischer Gesellschaft; s. dazu V. Wagner, *Rechtssätze* (*BZAW* 127), 14; H. Klengel, *Hammurapi* (1976), 204; T. Frymer-Kensky, ,,Tit for Tat'' (*BA* 43), 230-234.
98 s. G. Liedke, *Rechtssätze* (*WMANT* 39), 131ff.; vgl. auch O. Loretz, ,,Elternehrung'' (*JARG* 3), 172ff. (Lit.). Zur Begründung von Recht in der Familie s. grundsätzlich E. Possoz, ,,Begründung'' (1952), 18-23.
99 Will G. Liedke (*a.a.O.*) das Todesrecht pauschal in der Familie verankern, so ist dies nur Gegenthese zu der ebenso pauschalen These von H. Schulz (*Todesrecht*, *BZAW* 114, 85ff.), das Todesrecht sei der Ortsgemeinde zuzuweisen. Beide Thesen verstellen sich in der Pauschalität den Blick für die rechtshistorische Entwicklung eines Übergangs vom Rechtskreis der Familie auf überfamiliäre Rechtsinstitutionen.
100 Die These einer sekundären Umformulierung von Ex XXI 17.19 in Angleichung an die drei Prohibitive in Ex XXII 20-22 (so H. Schulz, *Todesrecht*, *BZAW* 114, 60), scheitert schon daran, daß der Prohibitiv in Ex XXII 20a literarischer Zusatz zum Bundesbuch ist. Zu den textkritischen Problemen in Ex XXII 17 s. N. Lohfink, ,,ḥāram'' (*ThWAT* 3), 193f.

101 vgl. A. Jepsen, *Bundesbuch* (*BWANT* 41), 29f.
102 s. H. W. Gilmer, *If-You Form* (*SBLDS* 15), 72f.
103 R. P. Merendino (*Gesetz, BBB* 31, 208f. 336ff.) sieht in Dtn XIX 11aαγ.12aα*b.13 ein der deuteronomischen Bearbeitung vorgegebenes biʿartā-Gesetz.
104 vgl. D. Daube, ,,Causation" (*VT* 11), 254f.
105 Dieser Lösungsweg ist in Num XXXV 16-25 weiter ausgearbeitet worden. Zur parallelen Entwicklung des althellenischen Rechts s. M. Mühl, *Untersuchungen* (*Klio Beih.* 29), 11ff.
106 Mit der Einsicht in die überlieferungsgeschichtliche Eigenständigkeit der Sammlung Ex XXI 18-32 löst sich das Problem der Unausgeglichenheit zwischen Ex XXI 12-14 und Ex XXI 22f. Fordert Ex XXI 23 die Todessanktion auch bei unabsichtlicher tödlicher Verletzung einer schwangeren Frau, so ist darin ein rechtshistorisch älteres Stadium als Ex XXI 12-14 bewahrt.
107 s. A. Alt, ,,Recht" (*KlSchr* 1), 310 Anm. 1.
108 Die Asylinstitution ist mit der Ortsgerichtsbarkeit in der Intention verwandt, eine Zeitdifferenz zwischen Tat und Vergeltung zu gewinnen; s. E. Gräf, *Rechtswesen* (1952), 78ff.
109 vgl. J. Milgrom, ,,Asylum" (*VT S.* 32), 309, Anm. 84.
110 s. die Analyse des Aufbaues durch Haupt- und Unterfälle in I. Cardellini, *Sklavenrecht* (*BBB* 55), 244ff. 251ff.; vgl. auch bereits V. Wagner, ,,Systematik" (*ZAW* 81), 176f.
111 s. H. Petschow, ,,Systematik" (*ZA* 57), 146-172; ders., ,,Systematik" (*FS M. David*), 131-143; vgl. V. Wagner, ,,Systematik" (*ZAW* 81), 176ff.
112 so I. Cardellini, *Sklavenrecht* (*BBB* 55), 245.
113 ,,Recht" (*KlSchr*. 1), 291 Anm. 2.
114 ,,Hebräer" (*AfO* 15), 57 Anm. 9, vgl. auch das forschungsgeschichtliche Referat zu Ex XXI 2 von O. Loretz, *Hebräer* (*BZAW* 160), 122ff. bes. 130ff.
115 so A. Alt, ,,Recht" (*KlSchr* 1), 291 Anm. 2; H. W. Gilmer (*If-You Form*, *SBLDS* 15, 49) rechnet mit der Verdrängung der ursprünglichen Protasis durch Ex XXI 2.
116 zur Diskussion des Verhältnisses zwischen Ex XXI 2 und Dtn XV 12 s. zuletzt S. A. Kaufman, ,,Deuteronomy 15" (*BEThL* 68), 274 f. (Lit.). O. Loretz (*Hebräer*, *BZAW* 160, 150) schießt über das Ziel, wenn er Ex XXI 2 als sittlich-religiöse Forderung von Ex XXI 3-6 als Rechtsregelung trennt.
117 Ich folge O. Loretz (*Hebräer*, *BZAW* 160, 122ff.) in der Bestreitung der soziologisch-rechtlichen Interpretation von ʿibrîm. Die Bezeichnung ʿaebaed ʿibrî zielt auf die Gemeinschaft von Sklave und Herr. Nicht folgen kann ich der Spätdatierung als Bezeichnung der Zugehörigkeit zur nachexilisch-,,jüdischen" Gemeinde; s. auch die kritischen Anmerkungen von N. P. Lemche, ,,Hebrew" (*BN* 25), 65-75. Geht ʿaebaed ʿibrî in Ex XXI 2 auf den Redaktor von Ex XXI 2-XXII 26 zurück, so ist einer kanaanäischen Ableitung von Ex XXI 2-6 aufgrund dieses Begriffes (so N. P. Lemche, ,,Slave", *VT* 25, 129-144) der Boden entzogen.
118 s. A. Alt, ,,Recht" (*KlSchr* 1), 291 Anm. 2.
119 Die traditionsgeschichtliche Komplexität des 6/7-Schemas im AT widerspricht der These, es solle damit in Ex XXI 2 nur ein unbestimmter Zeitraum bezeichnet werden (so N. P. Lemche, ,,Hebrew", *BN* 25, 70); s. dagegen auch I. Cardellini, *Sklavenrecht* (*BBB* 55), 245 Anm 21. Zur Verbindung zwischen Ruhetag und 6/7-Schema s. auch N. Negretti, *Giorno* (*AnBib* 55), 43f.
120 *Hebräer* (*BZAW* 160), 141.264ff.
121 s. Verf., ,,Feste II" (*TRE* 11), 103f.
122 O. Loretz (*Hebräer*, *BZAW* 160, 268) steht in der Gefahr eines Zirkelschlusses, wenn er Ex XXIII 12; XXXIV 21 nachexilisch datiert mit dem Argument, neben diesen beiden Stellen gäbe es keine vorexilischen Belege für den siebenten Tag als Ruhetag. Zuvor aber hatte er gegen G. Robinson (*Sabbath*, 1975, 147ff.) und F.-L. Hoßfeld (*Dekalog*, *OBO* 45, 57.251) Ex XX 8ff.; Dtn V 12ff. pauschal spät datiert.
123 s. G. Robinson, *a.a.O.* 156ff.
124 Das 6/7-Schema als Schema der Aussonderung ist Sondergut Israels in der altorien-

talischen Religionsgeschichte, das sich aus der Wesensdifferenz JHWHs als des einen von Israel verehrten Gottes im Unterschied zu mythischen Gottheiten der Umwelt Israels ableitet. So kann O. Loretz' Feststellung (*Hebräer, BZAW* 160, 268), der siebente Tag als Ruhetag habe keine altorientalische Parallele, nicht Argument für eine nachexilische Datierung des Ruhetagsgebots sein.

125 Die Präposition l^e in $lāḥåpšī$ (s. auch Ex XXI 26f.) deutet wohl an, daß es in Ex XXI 2ff. um eine von der regulären Entlassung nach Ableisten der Schulden geschiedenen Freilassung geht, die auf dem Wirksamwerden (l^e des Zieles) des sich in der kultischen Zeitstruktur entbergenden Gotteswillens beruht. Vgl. T. Willi ,,Freiheit'' (*FS W. Zimmerli*), 535f. Die in Ex XXI 2-4abα implizite theologische Rechtsbegründung wird in Dtn XV 12-18 ausführlich expliziert. Gegen O. Loretz' These (*a.a.O.*, 151ff.), Ex XXI 2-6 sei von Dtn XV 12-18 abhängig, hat A. Phillips (,,Slavery'', *JSOT* 30, 55f.) die wichtigsten Argumente für Dtn XV 12ff. als Neuinterpretation von Ex XXI 2-6 zusammengestellt.

126 s. auch D. Patrick, ,,Law'' (*JBL* 92), 180-184.
127 vgl. D. Patrick, *a.a.O.*, 183f.
128 *Sabbath* (1975), 133. 337ff.
129 $m^ezûzā$ bezeichnet im Singular eine Kultsäule; s. 2 Kön XI 14; XXIII 3; vgl. M. Metzger, ,,Heiligtum'' (*Saarbrücker Beitr.* 32), 24f.
130 Die von O. Loretz (*Hebräer, BZAW* 160, 145) vertretene These, Ex XXI 6 setze Dtn VI 9 voraus, ist keineswegs zwingend. Will man Ex XXI 6 mit dem Brauch, Türpfosten zu beschriften, verbinden, so ist derartiges auch für den Jerusalemer Tempel wahrscheinlich; s. O. Keel, ,,Zeichen'' (*OBO* 38), 187ff.
131 ,,Miscellen'' (*ZAW* 11), 181-183.
132 s. A. F. E. Draffkorn, ,,Ilāni'' (*JBL* 76), 216ff.
133 so mit Recht O. Loretz, *Hebräer* (*BZAW* 160), 148.
134 Das zweimalige $w^ehiggīšô$ ist kein ausreichender Grund für eine überlieferungsgeschichtliche Sonderung in Ex XXI 6.
135 s. A. Menes, *Gesetze* (*BZAW* 50), 28.
136 s. zuletzt S. M. Paul, *Studies* (*VT S.* 18), 53ff.; I. Cardellini, *Sklavenrecht* (*BBB* 55), 252ff.
137 s. 2 Kön VIII 1-6; vgl. H.-J. Boecker, *Redeformen* (*WMANT* 14), 62ff. 177.
138 s. dazu J. Halbe, *Privilegrecht* (*FRLANT* 114), 428.
139 s. *Zinsverbot* (*AAWLM.G* 1976/77), 26.
140 so mit E. Neufeld, ,,Loans'' (*HUCA* 26), 375ff. und E. Klingenberg, *a.a.O.*, 28f. gegen J. Hejcl, *Zinsverbot* (*BSt[F]* 12/4), 67ff., der Ex XXII 24a auf den ausländischen Geldverleiher bezieht. Ex XXII 24a gehört in das Pfandrecht und wird erst durch Ex XXII 24b in das Zinsrecht überführt.
141 Ex XXII 25 ist mit dem Gedanken des ,,geteilten Eigentums'' dem babylonischen Pfandrecht verwandt; s. dazu H. Petschow, *Pfandrecht* (*ASAW. PH* 48/1), 132ff.
142 vgl. auch R. Richter, *Recht* (*StANT* 15), 123; zu den Ursprüngen eines altisraelischen Ethos im Recht des Bundesbuches s. Verf., ,,Recht'' (1987), 135-161.
143 Sozialhistorischer Hintergrund der Pfandrechtsbestimmungen in Ex XXII 24a.25 ist die Sicherung der Institution des Notdarlehens gegen eine Aushöhlung durch das Investitionsdarlehen mit Verfallspfand, das Kreditgeber zur Spekulation auf den Besitz des Schuldners verleiten konnte; s. Hab II 6f.
144 Zur Variante der LXX^B s. auch A. Jepsen, *Bundesbuch* (*BWANT* 41), 44 Anm. 3; E. Neufeld, ,,Loans'' (*HUCA* 26), 366. Der Hinweis auf das Nebeneinander von $^cammī$ und $^canijjīm$ in Jes III 15 erklärt nicht die Unebenheit in Ex XXII 24a; gegen E. Klingenberg, *Zinsverbot* (*AAWLM.G* 1976/77), 30.
145 Zum Aspekt der genealogischen Begründung der Gemeinschaft eines ^cam s. *ThHAT* 2, 296-299; kritisch dagegen R. M. Good, *Sheep* (*HSM* 29). Zur Legitimation von Recht aus sozialer Identität s. S. F. Moore, *Law* (1978), 149ff.
146 vgl. auch Verf., ,,Ethos'' (*ZAW* 98), 161ff.
147 s. dazu S. Lach, ,,ḥannūn'' (*FolOr* 21), 98ff.
148 s. Ex XXXIV 6; (Dtn IV 31); Jl II 13; Jon IV 2; Ps LXXXVI 15; CIII 8; CXI 4; CXLV 8; 2 Chr XXX 9; Neh IX 17.31.

149 s.u.a. UT 107.6; J. Gray, ,,Aspects'' (*VT S.* 15), 183; W. H. Schmidt, *Königtum* (*BZAW* 80), 7.28f.; für Ebla s. H. P. Müller, ,,Ebla'' (*ZDPV* 96), 3f.
150 s. ,,ḥnn'' (*ThHAT* 1), 594.
151 s. F. C. Fensham, ,,Widow'' (*JNES* 21), 129-139; A. Gamper, *Richter* (1966), 45ff. 170ff.; J. Renger, ,,Gerechtigkeit'' (*WO* 8), 228-235; s. auch Ps LXXII 4.12-14.
152 Das Motiv des Königsgottes als des gnädigen schließt sich mit dem des Zetergeschreis der sozial Schwachen in Ex XXII 22.26bβ zusammen, das seinerseits eine Affinität zum König als Rechtshelfer hat; s. 2 Sam XIV 1ff.; 2 Kön VI 26ff.; VIII 1ff.; s. auch H. J. Boecker, *Redeformen* (*WMANT* 14), 61ff.
153 s. H. J. Stoebe, ,,ḥaesaed'' (*ThHAT* 1), 612 f. (Lit.).
154 Der Zusammenhang von Ex XXII 26bγ mit Ex XXXIV 6; Ps LXXXVI 15 spricht gegen eine weisheitliche Ableitung von Ex XXII 26bγ; gegen R. C. Dentan, ,,Affinities'' (*VT* 13), 34ff.; E. Kellenberg,'' ḥäsäd ''(*AThANT* 69), 111ff. Das Motiv der Parallelität göttlicher und menschlicher Langmut in Spr XIX 11 reicht so wenig aus wie das des *rāb ḥaesaed,* das seinerseits kaum als genuin weisheitlich zu erweisen ist.
155 vgl. B. Lang, ,,Poverty'' (*JSOT* 24), 43-63.
156 Max Weber (*Religionssoziologie* Bd. 3, ⁶1976, 71) hat mit seiner These, das Bedürfnis nach Kodifizierung des Bundesbuches sei durch die sozialen Konflikte der Königszeit geweckt worden, wie so oft Richtiges erfaßt. Zum Zusammenhang s. Verf., ,,Max Weber'' (*ZAW* 94), 187-203.
157 Zum Begriff der Rationalisierung in der Rechtsgeschichte s. F. Hilterhaus, *Rechtsbegriff* (1965), 32ff.
158 Daß der Alleinverehrungsanspruch JHWHs sich erst gegen polytheistische Strömungen in Israel durchsetzen mußte, weiß das Alte Testament, das darin nachdrücklich durch die Archäologie bestätigt wird. Die These, daß das Wissen vom Alleinverehrungsanspruch aber erst Frucht einer polytheistischen Religionsgeschichte Israels sei, nimmt einen Standpunkt jenseits des Alten Testaments ein. Weiter führt die Differenzierung zwischen integrativer und abgrenzender Monolatrie, s. F.-L. Hoßfeld, ,,Einzigkeit'' (*FS Breuning*), 57-74.
159 s. dagegen die Anwendung der *lex talionis* im mass. C. § 55; s. R. Haase, *Rechtssammlungen* (1963), 108.
160 s. dazu Verf., ,,Rechtstexte'' (*ZEE* 26), 284ff. Wie M. Burrows (*Marriage, AOS* 15, 30ff.) aufzeigt, hat Ex XXII 15f. keine Nähe zu eigentumsrechtlichen Bestimmungen der *jᵉšallem*-Gesetze.
161 s. Verf., ,,Ethos'' (*ZAW* 98), 161-179. S. dort auch die überlieferungsgeschichtliche Analyse von Ps XV in Diskussion mit W. Beyerlin (*Heilsordnung, BThSt* 9). Das Normensystem in Ps XV 2-5aαβ hat einen dreistufigen Überlieferungsprozeß durchlaufen. Den ältesten Kern bildet eine Reihe von Normen nachbarschaftlicher Solidarethik in Ps XV 3.5aαβ, die ursprünglich unabhängig von dem Psalm war und auf zweiter Überlieferungsstufe in diesen eingestellt durch Ps XV 4 erweitert und durch Ps XV 1aβb.5aγb gerahmt wurde. Auf letzter Überlieferungsstufe wurde Ps XV 2 ergänzt. Die literarkritische Trennung von Ps XV 1f.5aγb/3/4.5aαβ durch S. Ö. Steingrimsson (*Tor, ATSAT* 22, 4ff.) zieht von der These ausgehend, Ps XV 2 und Ps XV 3 seien Dubletten, zu schnell Ps XV 2 mit Ps XV 5aγb als Rahmen zusammen, ohne formgeschichtlich zu prüfen, ob nicht ein überlieferungsgeschichtlich erklärbares Gefälle von Ps XV 3 zu Ps XV 2 erkennbar sei. Noch weniger vermag mich die literarkritische Aufspaltung von Ps XXIV in vier selbständige literarische Einheiten zu überzeugen (S. Ö. Steingrimsson, *a.a.O.,* 72), für die keinerlei an üblichen literarkritischen Kriterien ausgewiesene Begründung geliefert wird. In Ps XV; XXIV; XCIII u.ö. läßt sich über die JHWH-Königsmotivik in Ex XXII 22.24*.26bβγ hinaus der schöpfungstheologische Argumentationszusammenhang in dieser armentheologisch akzentuierten Normenintegration beobachten. Normgemäßes Handeln gerade auch in der Solidarität mit den sozial Schwachen in der Gesellschaft wird zur pragmatischen Aneignung und Realisierung von Schöpfung und damit zur Aneignung der in der Schöpfung begründeten Überwindung der Negativaspekte von Leben; vgl. auch Verf., ,,Schöpfung'' (*FS H.-J. Kraus*), 53-67.

162 s. J. Halbe, *Privilegrecht (FRLANT* 114), 479ff.
163 $m^ele^>ā$ bezieht sich in Ex XXII 28; Dtn XXII 9 auf die Weinernte, während $dim^cakā$ auf die Ölernte zu beziehen ist; s. A. Jepsen, *Bundesbuch (BWANT* 41), 50.
164 H. Cazelles (*Études*, 1946, 82f.) deutet Ex XXII 28a als Verbot, anderen Göttern Gaben zu geben. Doch weist die für eine Abgaberegelung ungewöhnliche Formulierung $lo^> t^e^>āher$ eher auf die $š^emiṭṭā$-Regelung in Ex XXIII 10f. voraus. Es geht in Ex XXII 28a nicht um konkrete Abgaberegelung, sondern um theologischen Ausdruck der JHWH-Herrschaft über die Ernte. Darin trifft sich diese Auslegung mit der von H. Cazelles.
165 s. zuletzt O. Kaiser (,,Kinderopfer'', *Ges. Stud.*, 164f.), der den gesamten Abschnitt Ex XXII 28f. für literarisch spät hält. Ex XXII 28b sei also nicht als Zeugnis für eine im frühen Israel geübte Praxis des Erstgeburtsopfers in Anspruch zu nehmen. Den Versuch, den praktikablen Rechtscharakter von Ex XXII 28b durch eine Konjektur von *banaeka* in b^ehaemt^eka (so u.a. A. Jepsen, *Bundesbuch, BWANT* 41, 11.51) zu sichern, hat H. Cazelles (*Études* , 1946, 83) zurückgewiesen.
166 Eine Abhängigkeit der Bestimmung Ex XXII 28b von der Theorie der Ablösung des Erstgeburtsopfers durch die Aussonderung der Leviten gibt eine ansprechende Erklärung dieser so anstößigen Überlieferung, ist aber kaum wahrscheinlich zu machen; gegen O. Kaiser, ,,Kinderopfer''(*Ges. Stud.*), 165. Anm. 81. Die eigentümliche Formulierung von Ex XXII 28b mit *tittaen li*, die für Erstgeburtsopferbestimmungen singulär ist, verknüpft Ex XXII 28b mit Ex XXII 29. Das Verb *ntn* hat eine feste Verankerung in Ablösungsbestimmungen; s. Lev XXVII 23; Num III 48; V 7. Ex XXII 28b.29 setzt also den Zusammenhang von Opfer- und Ablösungsbestimmungen (Ex XXXIV 19abβ.20abα; XIII 12f.) voraus, formuliert aber im Dienst der theologischen Intention neu.
167 so mit W. Richter, *Recht (StANT* 15), 92; G. Robinson, *Sabbath* (1975), 118f. Die einschlägige Diskussion faßt G. Stadler *(Privateigentum)*, 1975, 182ff.) zusammen. Wie sehr die ursprüngliche Brachejahrgesetzgebung vom 6/7-Schema als theologischem Motiv nicht aber von der Landwirtschaftspraxis bestimmt ist, zeigt sich darin, daß die Felder zumeist sehr viel häufiger brach gelegt wurden; s. S. A. Kaufman ,,Welfare System'' (*FS G. W. Ahlström*), 280.
168* Es ist methodisch nicht angängig, unter Hinweis auf Dtn I 17 und Lev XIX 15 $w^edāl$ in $w^egadôl$ zu konjizieren; so zuletzt wieder H.-J. Fabry, ,,*dāl*'' (*ThWAT* 2), 231; J. W. McKay, ,,Administration'' (*VT* 21), 316f. Die Angleichung von Ex XXIII 3.6 an Lev. XIX 15 und Dtn I 17 verstellt den Blick für die Entwicklung, die zwischen diesen Überlieferungen liegt. Als Reflex auf die prophetische Sozialkritik wird in den späteren Überlieferungen der Akzent zugunsten der sozial Schwachen verschoben.
169 s. dazu A. Menes, *Gesetz (BZAW* 50), 34f.; M. Schwantes, *Recht (BET* 4), 55. In der Intention der Rechtsgleichheit, die es gegen ökonomische Ungleichheit zu wahren gilt, wird ein in segmentärer Gesellschaft in der Gesellschaftsstruktur als selbstverständlich begründeter Grundsatz gewahrt, der erst im Horizont sozialer Heterogenität ausdrücklich wird. Ausdifferenzierung von Recht zeigt sich hier als bedingt durch die soziale Differenzierung israelitischer Gesellschaft. Ex XXIII 1-3.6-8 bestätigt das bisherige Ergebnis, das die Tendenz zur Verlagerung von Rechtsvorgängen aus der Familie an das Ortsgericht und die daraus resultierende Funktionsdifferenzierung des Rechts an diesem Gericht deutlich werden ließ.
170 s. M. Schwantes, *Recht (BET* 4), 58.
171 Für eine Konjektur von $^>aṣdiq$ in *taṣdiq* sind keine durchschlagenden Gründe beizubringen; s. J. Halbe, *Privilegrecht (FRLANT* 114), 432 Anm. 40.
172 *Recht (StANT* 15), 60-62.86f.
173 s. M. A. Klopfenstein, ,,*šqr*'' (*ThHAT* 2), 1013f.
174 J. W. Mc Kay (,,Administration'', *VT* 21, 314.318) rekonstruiert aus Ex XXIII 1-3.6-8 einen prozeßrechtlichen Dekalog unter Einschluß der Vetitive, die er in Anpassung an den Kontext in Prohibitive umformuliert. Nicht einsichtig wird, warum aus den Prohibitiven Vetitive wurden. Konsequenter geht J. Halbe (,,Gemein-

schaft", *BEThL* 68, 64f.) vor, der eine Ex XXIII 1a.2a.3*/6*.7a.8α umfassende chiastische Prohibitivreihe konstruiert. Doch die über V. 3.6 hinausgehende Vermutung von chiastischen Entsprechungen überzeugt mich nicht.

175 vgl. dazu K. Koch, ,,Soziale Kritik'' (*FS G. v. Rad*), 236-257.
176 Zur Analyse der sozialkritischen Grundschicht im Buche Habakuk s. J. Jeremias, *Gerichtsverkündigung* (*WMANT* 35), 55ff; Verf., ,,Habakuk'' (*VT* 35), 274-295; ders., ,,Habakuk'' (*TRE* 14), 300-306.
177 ,,Gebot'' (*ZAW* 96), 104-109.
178 s. Ex XXXIV 12-26*; XXIII 15-19.
179 Zur Textkritik in V. 5b s. H. Cazelles, *Études* (1946), 88ff.
180 s. Verf., ,,Recht'' (1987), 135-161; anders B. Lang (,,Ortsgott'', *ÄAT* 5, 271-301), der in Ex XXIII 4f. das Ethos eines ,,Ortsgottes'' in Israel erkennen will. Überzeugender leitet J. Halbe (,,Gemeinschaft'', *BEThL* 68, 72f.) Ex XXIII 4f. von einem tribalen *amity*-Recht ab, ohne allerdings das tribale Ethos mit dem Anspruch JHWHs auf die Lebensbereiche Israels rechtshistorisch zu vermitteln. Der Hinweis auf die Auszugsüberlieferung als strukturell parallel zu Ex XXIII 4f. verdeckt nur das Problem.
181 Ex XXII 27 steht in der Fluchtlinie dieser theologischen Redaktion, sakral- und profanrechtliche Bereiche rationalisierend zusammenzubinden.
182 s. G. Robinson, *Sabbath* (1975), 147ff.; Verf., ,,Feste II'' (*TRE* 11), 103f. Ex XXXIV 21b ist als Hinweis auf die Integration einer nomadischen Institution in bäuerlichem Kontext fehlgedeutet; gegen G. Bettenzoli, ,,šabbāt'' (*Henoch* 4), 278 und F. Mathys, ,,Sabbatruhe'' (*ThZ* 28), 248.
183 Ein ursprünglich auf Ex XXIII 15 folgendes Ruhetagsgebot dürfte bei der Verbindung der Ex XXXIV 18-26 parallelen Sakralrechtsüberlieferung Ex XXIII 15-19 mit dem Bundesbuch gestrichen worden sein; s. Verf., *Mazzotfest* (*BWANT* 107), 250f.
184 Die soziale Deutung der Ruhetagsinstitution ist als Ausdruck priesterlicher Reaktion auf den sozialen Differenzierungsprozeß der israelitischen Gesellschaft Pendant zur weisheitlichen Reaktion in Ex XXIII 1-3.6-8 und zur prophetischen Sozialkritik.
185 Diese beiden unterschiedlichen theologischen Rechtsbegründungen entsprechen den zwei Ausformungen der JHWH-Monolatrie als Integrations- und Abgrenzungsmonolatrie, die F.-L. Hoßfeld (,,Einzigkeit'', *FS Breuning*, 57ff.) in zeitliches Nacheinander in staatlicher Zeit bringt.
186 vgl. auch G. Robinson, *Sabbath* (1975), 117ff. Wenn K. Koch (,,Gesetz I'', *TRE* 13, 45) aufgrund dieser chiastischen Entsprechung auf eine Kultrezitation im Freilassungsjahr (Dtn XXXI 10-12) als ,,Sitz im Leben'' des Bundesbuches schließt, so überzieht er die Tragfähigkeit dieses Befundes.
187 Es ist erstaunlich zu beobachten, wie der Redaktor dem Rechtskorpus Ex XXI 2-XXIII 12 ein theologisches Profil zu geben vermag, ohne in den vorgegebenen Überlieferungsbestand einzugreifen. Daraus ist unter methodischen Gesichtspunkten zu folgern, daß eine textlinguistische Arbeitsweise von einer Sicht der Redaktionsgeschichte befreit, die nur dort Redaktionsprozesse zu erkennen meint, wo ändernd in den Überlieferungsbestand eingegriffen wurde. Umgekehrt wird auch deutlich, daß eine auf Textstrukturen achtende Arbeitsweise nicht unhistorisch und damit unkritisch werden muß, sondern gerade der Überlieferungsgeschichte aufzuhelfen vermag. Darüber hinaus ist die enge Verwandtschaft zwischen der Redaktionstechnik des Bundesbuches und der der Endfassung des Exodusbuches in Ex XII 1-XVI 35 (s. P. Weimar, *Meerwundererzählung*, *ÄAT* 9, 5ff. bes. 20) auffällig.
188 Die klare Struktur widerspricht der von G. Wanke (,,Bundesbuch'', *TRE* 7, 413) im Anschluß an J. Halbe vertretenen These, der Aufbau der Endfassung des Bundesbuches lasse ,,eine gewisse Unausgeglichenheit der Gliederung'' erkennen, die ein Hinweis darauf sei, daß in der Entstehungsgeschichte ,,konkurrierende Gestaltungsprinzipien wirksam waren''. Die These einer privilegrechtlichen Grundschicht des Bundesbuches ist um den Preis einer klaren Strukturierung der Endgestalt erkauft.

189 s. H. Holzinger, *KHC* II, 99; vgl. auch A. Jepsen, *Bundesbuch* (*BWANT* 41), 53.
190 s. *Bundesbuch* (1892), 37. M. Noth (*ATD* 5, 142) stellt zwar die mangelnde Tragfähigkeit derartiger Umstellungsthesen fest. Die Schlußfolgerung, das Altargesetz sei literarischer Nachtrag zum Bundesbuch läßt offen, in welchem literarischen und theologischen Horizont das Altargesetz dem Bundesbuch zugefügt wurde.
191 so J. Halbe, *Privilegrecht* (*FRLANT* 114), 441ff.499.
192 vgl. H. J. Boecker, *Recht* (*NStB* 10), 118.124f.; S. M. Paul, *Studies* (*VT S.* 18), 27-42; J. Blenkinsopp, *Law* (1983), 82f.; kritisch G. Ries, *Prolog* (*MBPF* 76), 75f.
193 s. D. Conrad, *Altargesetz* (1968), 8ff. Zur abweichenden Analyse durch C. Dohmen, *Bilderverbot* (*BBB* 62), 154ff. s.o. Kap. 2.
194 vgl. dazu D. Conrad, *a.a.O.*, 34ff. Zur Verortung von Ex XX 24b s. T. N. D. Mettinger, *Dethronement* (*CB.OTS.* 18), 124ff.
195 vgl. W. Schottroff, ,,*zkr*'' (*ThHAT* 1), 513.
196 s. W. Zimmerli, ,,Erweiswort'' (*ThB* 19), 126.
197 MT bedarf keiner Konjektur; vgl. B. S. Childs, *Exodus* (*OTL*), 447.
198 vgl. auch M. Rose, *Ausschließlichkeitsanspruch* (*BWANT* 106), 85 Anm. 1.
199 zur Analyse der Sinai-Perikope vgl. L. Perlitt, *Bundestheologie* (*WMANT* 36), 156-238; Verf., *Mazzotfest* (*BWANT* 107), 254-279; S. Mittmann, *Deuteronomium 1, 1-6, 3* (*BZAW* 139), 145-159; D. J. Mc Carthy, *Treaty* (*AnBib* 21), 243-276; F.-L. Hoßfeld, *Dekalog* (*OBO* 45), 163-213; E. Zenger, *Sinai* (1982), 130-195; C. Levin, ,,Dekalog'' (*VT* 35), 165-191.
200 vgl. dazu H.-D. Preuss, *Deuteronomium* (*EdF* 164), 17.
201 s. S. Mittmann, *Deuteronomium 1,1-6,3* (*BZAW* 139), 157.
202 s. L. Perlitt, *Bundestheologie* (*WMANT* 26), 171.
203 zu Dtn IV s.o. Anm. 9.
204 zur Funktion von Ex XX 23 als ,,Mottovers'' des Bundesbuches s. W. v. Soden, ,,Wörterbuch'' (*BZAW* 162), 199f. Zur Verbindung von Ex XX 23a mit dem Fremdgötterverbot s. C. Dohmen, *Bilderverbot* (*BBB* 62), 155ff. In der Entfaltung des Fremdgötterverbots als Hauptgebot durch die folgenden Rechtsbestimmungen berührt sich die dtr Bearbeitung des Bundesbuches mit dem Dekalog.
205 vgl. Verf., *Mazzotfest* (*BWANT* 107), 249ff. 262ff. Die sich an der Gestalt altorientalischer Rechtskorpora orientierende Rahmung durch Prolog und Epilog (s. dazu J. Klíma, ,,Bemerkungen'', *JJP* 5, 161-168; S. M. Paul, *Studies, VT S.* 18, 11-42) geht also auf die dtr Überarbeitung des Bundesbuches zurück.
206 s. dazu C. Levin, ,,Dekalog'' (*VT* 35), 180f. Zur überlieferungsgeschichtlichen Analyse von Ex XXIV 3-8 vgl. L. Perlitt, *Bundestheologie* (*WMANT* 36), 195ff.; F.-L. Hoßfeldt, *Dekalog* (*OBO* 45), 191ff.; E.-W. Nicholson, ,,Exodus XXIV 3-8'' (*VT* 32), 74-86.
207 s. R. Yaron, ,,Law'' (*Jewish Law Ann. S.* 2), 34-36.
208 Die Kollektivhaftung stammt aus dem Sakralrecht (s. Jos VII 1.24; Ex XX 5 par. Dtn V 9; Dtn XIII 13-19) und wird hier dtr in das theologisch interpretierte soziale Schutzrecht eingeführt. Unterdrückung der sozial Schwachen wird zu einem dem sakralrechtlichen Vergehen entsprechenden Angriff gegen JHWH.
209 s. R. P. Merendino, *Gesetz* (*BBB* 31), 88.
210 J. Weismann (,,Talion'', *WdF* 124, 354) will gerade im Ersatz für den Geschädigten die Überwindung eines älteren, an der talionischen Schwächung des Schädigers orientierten Rechts sehen. Die überlieferungsgeschichtliche Analyse dürfte gezeigt haben, daß von dieser rechtshistorischen Sicht Abschied zu nehmen ist. Die Versuche, die Rechtsgeschichte aus nur einer ursprünglichen Funktion des Rechts abzuleiten, werden den vielfältigen gesellschaftlichen Funktionen von Recht schon in tribal-archaischen Gesellschaften nicht gerecht. So greift es gleichermaßen zu kurz, den Ursprung von Recht auf die Straffunktion zu reduzieren (so E. Hoebel, *Recht*, 1968, 29ff.) wie auch der Versuch, den Ursprung von Recht in der Sicherung von Reziprozitätsverhältnissen zu begründen (so B. Malinowski, *Crime*, ²1959). Im frühen Israel bestehen Sanktionsrecht und konfliktregelndes Ausgleichsrecht in Rechtskreisen unterschiedlicher gesellschaftlicher Ebenen nebeneinander, ohne daß die ei-

ne Funktion aus der anderen abzuleiten wäre. Die Rechtsgeschichte zeichnet vielmehr den Prozeß der Differenzierung und wechselseitigen Verzahnung dieser Rechte nach.
211 zur Analyse s. Verf., ,,Rechtstexte'' (ZEE 26), 284-289.
212 vgl. auch D. Patrick, ,,Law'' (JBL 92), 180f.
213 s. Verf., ,,Kulturentwicklung'' (1986), 73-87; ders., ,,ʿir'' (ThWAT 6), 55ff.
214 zur sozialhistorischen Verortung dieser Termini s. M. Schwantes, Recht (BET 4), 20-52.
215 s. L. Pospíšil, ,,Legal Levels'' (Journ. of Conflict Resolution 11), 17ff.
216 Ob sich der Macht- und Funktionsverlust aus dem Verfall der Großfamilie in staatlicher Zeit erklärt, ist zu erwägen. Die These, die staatliche Zeit Israels habe mit den Begleiterscheinungen von Mobilität, Arbeitsteilung und Urbanisierung zu Auflösungserscheinungen der Großfamilie (zur Großfamilie in Israel s. J. R. Porter, Family, 1967; J. Scharbert, ,,Bēyt ʾāb'' (FS van der Ploeg), 213-237; kritisch dagegen N. P. Lemche, ,,Sociology'', BN 21, 52ff.) geführt (so Verf., ,,Erklärungsmodell'', BN 23, 74ff.), kann für sich in Anspruch nehmen, daß in Ugarit der Auflösungsprozeß schon weiter vorangeschritten und die Großfamilie zur Ausnahme geworden war; s. M. Heltzer, Community, 1976, 102ff. Die Strukturen von E II-Stadtanlagen in tell el-farʿā (N), tell en-naṣbe und tell bet mirsim (L.E. Stager, ,,Family'', BASOR 260, 18ff.) lassen vermuten, daß die aus mehreren Kernfamilien bestehende Großfamilie auch in den Landstädten der staatlichen Zeit noch Bestand hatte. G. Sjobergs These (City, 1960, 157ff.), die Großfamilie sei eine Erscheinung gerade des vorindustriellen Stadtlebens, während bäuerlich-ländliche Strukturen zu schwach gewesen seien, um Großfamilien zu unterhalten, ist zu pauschal, um für die Rekonstruktion der Geschichte der israelitischen Familie greifen zu können.
217 Die Logik der Zuordnung der Neuinterpretationen zu den vorgegebenen Rechtssätzen ist die Logik der Praxis. Die Ergänzungen schließen sich dem Rechtssatz des Falles an, mit dem verbunden das Problem, das durch die erweiternde Interpretation gelöst werden soll, auftaucht. Die Neuinterpretation greift aber weit über den unmittelbaren Fall, mit dem sie verbunden wurde, hinaus. Ist die Logik der Neuinterpretation die Logik der Rechtspraxis, so ist damit ein unübersehbarer Hinweis gegeben, daß das Recht dieser Sammlungen *praktiziertes Recht* war. Die Systematisierung ist also nicht Ausdruck einer Schulgelehrsamkeit, sondern zeigt die Spuren der Rechtspraxis sehr unmittelbar. Von diesem Befund ausgehend wäre auch das Keilschriftrecht konsequenter überlieferungsgeschichtlicher Befragung zu unterziehen. Es ist zu erwarten, daß sich von daher die bislang unentscheidbare Frage nach der Funktion der keilschriftlichen Rechtskorpora für die konkrete Rechtspraxis beantwortet; s. dazu W. Preiser, ,,Gesetze'' (FS K. Engisch), 17-36; F. R. Kraus, ,,Recht'' (Genava 8), 283-296; J. Klíma, ,,Perspective'' (CRAI 1972), 297-317; H. Petschow, ,,Codex'' (ZA 74), 181-212; R. Westbrook, ,,Law'' (RB 92), 247-264; Verf., ,,Recht'' (1987), 135-161 (Lit.).
218 Der nicht nur implizite, sondern in ʿal kål dᵉbār paeśāʿ ausdrücklich werdende hohe Abstraktionsgrad des Rechtssatzes ist nicht zu übersehen. Zur Entwicklung des Rechts von der Fallorientierung zur Kategorien-Orientierung s. D. Daube, *Jewish Law* (1981), 72ff.
219 zum antiken Systemgedanken der Dialektik von Teil und Ganzem s. N. Luhmann, Recht (1981), 242 sowie O. Ritschl, *System* (1906), 7f.
220 zur rechtswissenschaftlichen Diskussion s. R. Schnur (Hg.), *Institution* (1968).
221 Ähnliches ist im Keilschriftrecht zu beobachten; vgl. P. Koschaker, *Studien* (1917), 173ff.
222 s. dazu oben Anm. 161.
223 s. W. Preiser, ,,Gesetze'' (FS K. Engisch), 31.
224 vgl. F. R. Kraus, *Edikt* (SDIO 5), 44f.239ff.; D. O. Edzard (,,Reformen'', 1976, 145-155) sieht darin ein primär literarisches Motiv.
225 s. G. R. Driver/J. C. Miles, *Laws* Bd. 1 (²1956), 36ff.; J. Klíma, ,,Bemerkungen'' (JJP 5), 161-186; ders., ,,Prologe'' (1974), 146-169; S. M. Paul, *Studies* (VTS. 18),

11ff.; vgl. auch W. E. Lambert, „King" (*Iraq* 27), 1-11. Die Analyse der nichtjuridischen Rahmung des CH zeigt den "grundsätzlich säkularen Charakter der Gesetze Hammurapis" (so G. Ries, *Prolog, MBPF* 76, 30). Göttliche Sanktion ist nur gegen einen möglichen Usurpator gerichtet, nicht gegen den politisch einflußlosen Untertan, dessen Gesetzestreue allein durch staatliche Sanktionen gewährleistet werden soll.
226 Der Mehrschichtigkeit im Gesellschaftsaufbau korrespondiert eine Mehrschichtigkeit im Recht; s. L. Pospíšil, „Legal Levels" (*Journ. of Conflict Resolution* 11), 2-25; ders., *Law* (1971), 97-126.
227 so noch wieder W. Schilling, *Recht* (1957).
228 *Law* (^{1}1861-^{10}1906). Von der 10. Auflage an sind Einleitung und Anmerkungen von F. Pollock zugefügt. Zum forschungsgeschichtlichen Kontext s. J. W. Burrow, *Theory* (1966), 137ff.; J. Stone, *Rechtssoziologie* Bd. 1 (1976), 205ff.
229 *Law* (1935), *Evolution* (1951); *Law* (^{3}1971). Man sollte also Vorsicht üben mit der These einer religiösen, Recht und Kultur gleichermaßen umgreifenden „Weltordnung", so daß auch dann, wenn Kult und Recht voneinander geschieden seien, das Recht dennoch religiös begründet sei; so V. Maag, „Schuld" (*Ges. Stud.*, 1980), 234-255; ders., „Kosmos" (*a.a.O.*), 329-341; zum profanen Charakter des Keilschriftrechts s. R. A. F. Mackenzie, „Law" (*FS T. J. Meek*), 33ff. Von einer religiösen Rechtsbegründung sollte man nur dann sprechen, wenn sie explizit ist. Die Überlieferungsgeschichte hat zu klären, ob eine explizite Begründung eines Rechtssatzes ursprünglich ist oder überlieferungsgeschichtlicher Zusatz. Andererseits ist ein rigider Evolutionismus, wie er bei A. S. Diamond zu beobachten ist, zu kritisieren. Darin ist A. S. Diamond, der unbeschadet aller historischen Individualität einzelner Kulturen und Kulturkreise rechtshistorische und gesellschaftshistorische Stadien der Entwicklung gesetzmäßig aufeinander bezieht, vom Altmeister der angelsächsischen Sozialanthropologie L. H. Morgan (s. dazu die Einleitung von L. A. White in L. H. Morgan, *Ancient Society*, 1964 [1878], XIII-XLI) abhängig. Zur Kritik an Diamond s. auch F. S. Moore, *Law* (1978), 215ff.
230 s. „Religion" (*Encycl. of Philosophy* 7), 150-158; an P. H. Nowell-Smith schließt sich W. Fikentscher (*Methoden*, 1975, 91ff.) in der Kritik an H. S. Maine an.
231 s. *Recht* (1968).
232 *Prolegomena* (1905), 394ff.
233 s. J. Wellhausen, *Hexateuch* (^{4}1963), 89f.; ähnlich auf dem Felde des Keilschriftrechts M. San Nicolò, *Rechtsgeschichte* (1931), bes. 64.77.
234 *Hexateuch* (1912), 180ff.
235 Die J. Wellhausen leitende Perspektive der Rechtsgeschichte als Differenzierungs- und Säkularisierungsprozeß hat an der literarkritischen Analyse nur oberflächlichen Anhalt. Mit demselben Recht ließe sich das literarkritische Ergebnis als Ausdruck einer sekundären Theologisierung des Fallrechts interpretieren. Diese These ist, wie zu erwarten, von A. Bertholet (*Kulturgeschichte*, 1920, 207) vertreten worden. A. Wendel (*Säkularisierung, BFChTh.M* 32, 308ff.) hat beide Perspektiven vermittelt und in der Theologisierungsbewegung israelitischer Rechtsgeschichte die Gegenbewegung gegen einen Säkularisierungsprozeß sehen wollen.
236 s. u.a. B. Baentsch, *HAT* I.2.1, 185u.ö.
237 s. A. Alt, „Recht" (*KlSchr* 1), 278-332.
238 s. W. Schottroff, „Recht" (*VF* 22), 3-29 sowie E. S. Gerstenberger (*Herkunft, WMANT* 20) und G. Liedke (*Rechtssätze, WMANT* 39). G. L. Syambwa (*Law*, 1983, 58ff.) konnte zeigen, daß Formen afrikanischen Rechts in Rechtsgattungen und sozialer Verortung dem altisraelitischen Recht nahe kommen, was die Unabhängigkeit von spezifischer Religion unterstreicht. Hier wird einmal mehr eine wiederholt gemachte Beobachtung formgeschichtlich präzisiert, daß Rechtsnormen sich oft auffällig gleichen, während in religiösen Formen eine weitaus größere Vielfalt besteht. Daraus gewinnt sich ein Hauptargument gegen den Primat der Religion gegenüber dem Recht; s. auch W. Fikentscher, *Methoden* (1975), 92.
239 s. H. J. Boecker, *Recht* (*NStB* 10), 121.

240 s. ,,Bundesbuch'' (*ZAW* 77), 255-259.
241 s. *Studies* (*VT S.* 18), 43.101.
242 s. *Exodus 21-23* (1977), 108ff.
243 s. ,,Paränese'' (*FS Hertzberg*), 9-29; ähnlich P. D. Hanson, ,,Significance'' (1977), 110-131.
244 *Privilegrecht* (*FRLANT* 114), 391-505 sowie J. Scharbert, ,,Recht'' *(QD* 104), 173ff.
245 Diese unterschiedlichen Grundpositionen zur Redaktionsgeschichte des Bundesbuches dürften sich in der Analyse der Gesetzespartien des Dtn wiederholen. G. Braulik (,,Abfolge'', *BEThL* 68, 271), rechnet in Dtn XII-XVIII mit einer der dtn Redaktion vorgegebenen Privilegrechtsüberlieferung, der die dem Bundesbuch nahestehenden Gesetzesüberlieferungen in Dtn XXI-XXV als Ergänzung angefügt worden seien. Die M. Webers Analyse der okzidentalen Rechtsgeschichte (*Gesellschaft*, ⁵1972, 417ff.) entlehnte These eines israelitischen Privilegrechts verliert an Überzeugungskraft, je deutlicher eine b^{e}rît-Theologie sich als Spätling israelitischer Religionsgeschichte erweist. Das vordtr Stratum in Ex XXXIV 12-26* ist als Kultrecht an der sakralen Ordnung in Israel, nicht aber an einer privilegrechtlichen Bindung israelitischer Stammesgesellschaft an JHWH orientiert. Versuche, nach Zerbrechen der Amphiktyonie-Hypothese (vgl. M. Metzger, ,,Frühgeschichte'', *VF* 22, 30-43) im Privilegrecht das Einheitsband zu suchen, projizieren die Interpretationen von Ex XXXIV 10-26 in die Frühzeit Israels. Erst in dtr Theologie ist in Aufnahme von M. Weber cum grano salis von einem ,,Privilegrecht'' zu sprechen, nachdem also der Theologisierungsprozeß des Rechts als utopische Integration der Gesamtheit israelitischer Gesellschaft in den Gotteswillen zu einem Höhepunkt gekommen ist. Auch sollte stutzig machen, daß M. Weber das selbst von ihm eingeführte Konzept des Privilegrechts in seiner Rekonstruktion der Religions- und Gesellschaftsgeschichte Israels nicht genutzt hat, obwohl es seiner Darstellungsabsicht sehr entgegengekommen wäre. M. Weber wollte aufzeigen, daß das Spezifikum israelitischer Ansätze zu ethischer Rationalisierung auch darauf beruhte, daß der Volksverband Israel nicht durch die äußerliche Klammer politischer Machthierarchie und ihrer Institutionen zusammengehalten wurde, sondern durch die einheitstiftende Religion des Bundes; vgl. S. Breuer, ,,Rationalität'' (*KZS* 30), 417ff.; W. Schluchter, ,,Rationalismus'' (*stw* 340), 11-77; Verf., ,,Max Weber'' (*ZAW* 94), 187-203.
246 s. ,,Rechtsbegründung'' (²1979), 327ff. Die Diskussion zwischen W. Pannenberg (*a.a.O.*, 331 Anm. 36) und W. Fikentscher (,,Synepëik'', 1980, 110 Anm. 88) zeigt, daß der Schaden mangelnder historischer Konkretion nicht durch Begriffsdistinktionen zu heilen ist.
247 Die These einer ,,Vergesetzlichung'' im Alten Testament wird der Überlieferungsgeschichte der theologischen Rechtsbegründung im Alten Testament nicht gerecht. Die impliziten Wertungen, die die Spätphase der Überlieferunggeschichte als Abfall oder Fehlentwicklungen verstehen, tragen unangemessene theologische Kategorien an die Rekonstruktion israelitischen Denkens heran; gegen M. Noth, ,,Gesetze'' (*ThB* 6), 9-141.
248 Erst in der Vermittlung dieser beiden Perspektiven, also außerhalb des Alten Testaments, gewinnt die Exegese des Alten Testaments im Rahmen christlicher Theologie eine christologische Dimension. Die Vermittlung dieser Perspektive steht nicht nur eschatologisch aus, sondern ist in der Vermittlung von Gott und Welt in Christus aufgehoben. Jüdische Theologie wird dabei immer daran erinnern, daß die Vermittlung von Gott und Welt, die Versöhnung, immer noch wieder aussteht. Hier erst gewinnt der Dialog von Christentum und Judentum seinen Ort. In der Rekonstruktion des Redens Israels von Gott, das sich im Alten Testament niedergeschlagen hat, kann es nur um den Dissens des wissenschaftlichen Diskurses gehen. Das gilt auch und besonders für die Gesetzesthematik im Alten Testament; s. Verf., ,,Christologische Interpretation'' (1984), 156ff.
249 Zur historischen Vielschichtigkeit und den darin inhärenten theologischen Motiven der ,,Säkularisierung'' des Reichsrechts vor allem im Gefolge der Konfessionsspal-

tungen und Aufklärung s. M. Heckel, ,,Säkularisierungsprobleme" (*stw* 421), 35-95.
250 s. N. Luhmann, *Soziologie* (1970), 113-136; ders., ,,Interpenetration" (*ZfS* 7), 302. Für N. Luhmann ist mit der Systemdifferenzierung im Prinzip auch schon das Integrationsproblem gelöst. Im Gegensatz zu T. Parsons begreift er die Integration ausdifferenzierter Systeme nicht als Problem der Ausbildung übergreifender Ordnung, sondern als Sicherung der Kompatibilität unterschiedlicher Orientierungen des Handelns — eine wohl kaum ausreichende Lösung; s. R. Münch, ,,Interpenetration" (*ZfS* 9), 20f.; vgl. auch Verf., ,,Hermeneutik" (*ZThK* 71), 160f.
251 Zur Verbindung einer alttestamentlichen Theologie mit den Handlungsfeldern moderner Gesellschaft s. Verf., ,,Theologie" (*Kairos* 19), 53-72.
252 vgl. dazu W. Maihofer (Hg.), *Naturrecht* (^{2}1972); W. Kerber, *Recht* (^{2}1979), 300-312 (Lit.).
253 Dieser auf M. Weber (*Gesellschaft,* ^{5}1972, 503ff.563ff. u.ö.) zurückgehende Gedanke ist von N. Luhmann (*Legitimation,* 1969) breit ausgebaut worden; zur Kritik s. J. Winckelmann, *Legitimität* (1952); J. Habermas, *Theorie* Bd. 1 (1981), 358ff. Die hier vorgelegte Rechtsgeschichte zeigt, daß materiale und formale Rationalisierung des Rechts im antiken Israel nicht Gegensätze waren, sondern sich gerade gegenseitig bedingten; zur Aktualität dieser Frage s. K. Eder, ,,Rationalisierungsproblematik" (*Soziale Welt* 29), 247-256.
254 vgl. dazu H. J. Berman, *Interaction* (1974), 107ff.
255 so W. Schilling, *Recht* (1957), bes. 68ff. 127ff. Die Säkularisierungsthese behält in der Rechtsgeschichte ihr Recht darin, daß jedes einmal theologisierte Recht auch wieder auf die Erde zurückgeholt, in je konkreter historisch-gesellschaftlicher Situation applikabel werden muß. H. H. Cohn (,,Secularization", 1971, 24f.) hat von der ,,divinization" des Rechts, die ihre Gegenbewegung in einer ,,rehumanization" habe, gesprochen. Z. W. Falk (,,Werte", 1980, 355-373) spricht an M. Weber anknüpfend von einer ,,Rationalisierung" und ,,Humanisierung" offenbarten Rechts als ,,Gebrauches" menschlicher Werte und Ziele bei der Interpretation und Anwendung dieses Rechts. Neben diesen diachron orientierten Verhältnisbestimmungen von Recht und Religion, auf die in einer Rechtsgeschichte nicht verzichtet werden kann, ist H. J. Bermans phänomenologischer Ansatz (*Interaction,* 1974, 21ff.77ff.) von Bedeutung, der die religiöse Dimension innerhalb des Rechts und die rechtliche Dimension innerhalb der Religion vermittelt..
256 s. R. Wiethölter, ,,Pluralismus" (*stw* 421), 401.

LITERATUR

A. Alt, ,,Die Ursprünge des israelitischen Rechts'', *KlSchr* 1 (München, 1953), 278-332.
B. Baentsch, *Das Bundesbuch Ex XX 22-XXIII 33* (Halle, 1892).
——, *Exodus-Leviticus,* HAT I 2.1 (Göttingen, 1903).
M. Barkun, *Law without Sanctions. Order in Primitive Society and the World Community* (New Haven, 1968).
H. M. Barth, ,,Gesetz und Evangelium I. Systematisch-theologisch'', *TRE* 13 (1984), 126-142.
H. J. Berman, *The Interaction of Law and Religion* (Nashville, 1974).
A. Bertholet, *Kulturgeschichte Israels* (Göttingen, 1920).
G. Bettenzoli, ,,La tradizione del šabbāt'', *Henoch* 4 (1982), 265-293.
W. Beyerlin, ,,Die Paränese im Bundesbuch und ihre Herkunft'', in: *Gottes Wort und Gottes Land. FS Hertzberg* (Göttingen, 1965), 9-29.
——, *Weisheitlich-kultische Heilsordnung. Studien zu Psalm 15,* BThSt 9 (Neukirchen, 1985).
A. Bin-Nun, *Einführung in das Recht des Staates Israel* (Darmstadt, 1983).
J. Blenkinsopp, *Wisdom and Law in the Old Testament* (Oxford, 1983).
H. J. Boecker, *Redeformen des Rechtslebens im Alten Testament,* WMANT 14 (Neukirchen, [2]1970).
——, *Recht und Gesetz im Alten Testament und im Alten Orient,* NStB 10 (Neukirchen, [2]1984).
G. Braulik, ,,Die Ausdrücke für 'Gesetz' im Buch Deuteronomium'', *Bib* 51 (1970), 36-66.
——, *Die Mittel deuteronomischer Rhetorik erhoben aus Deuteronomium 4, 1-40,* AnBib 86 (Rom, 1978).
——, ,,Die Abfolge der Gesetze in Dtn 12-26'', in: N. Lohfink (Hg.), *Das Deuteronomium,* BEThL 68 (Leuven, 1985), 252-272.
S. Breuer, ,,Die Evolution der Disziplin. Zum Verhältnis von Rationalität und Herrschaft in Max Webers Theorie der vorrationalen Welt'', *KZS* 30 (1978), 409-437.
H. Brunner, *Deutsche Rechtsgeschichte,* Bd. 1 (Leipzig, [2]1906 = Nachdr. 1961).
J. W. Burrow, *Evolution and Society. A Study of Victorian Social Theory* (Cambridge, 1966).
M. Burrows, *The Basis of Israelite Marriage,* AOS 15 (New Haven, 1938).
M. J. Buss, ,,The Distinction between Civil and Criminal Law in Ancient Israel'', *PWCJS* 6/1 (1977), 51-62.
I. Cardellini, *Die biblischen ,,Sklaven''* — *Gesetze im Lichte des keilschriftrechtlichen Sklavenrechts,* BBB 55 (Köln, 1981).
H. Cazelles, *Études sur le Code d'Alliance* (Paris, 1946).
——, ,,Alliance du Sinai, Alliance de l'Horeb et Renouvellement de l'Alliance'', in: H. Donner u.a. (Hg.), *Beiträge zur alttestamentlichen Theologie. FS Zimmerli* (Göttingen, 1977), 69-79.
G. A. Chamberlain, *Exodus 21-23 and Deuteronomy 12-26. A Form-Critical Study,* Diss. theol. (Boston University, 1977).
B. S. Childs, *Exodus. A Commentary,* OTL (London, 1974).
A. Cholewiński, *Heiligkeitsgesetz und Deuteronomium.* AnBib 66 (Rom, 1976).
H. H. Cohn (Hg.), *Jewish Law in Ancient and Modern Israel* (Jerusalem, 1971).
——, ,,The Secularization of Divine Law'', in: Ders., *Jewish Law in Ancient and Modern Israel* (Jerusalem, 1971), 1-49.
——, ,,The Methodology of Jewish Law. A Secularist View'', in: B. S. Jackson, *Modern Research in Jewish Law,* Jew. Law Ann. S. 1 (Leiden, 1980), 123-135.
——, ,,Jewish Law in Israel'', in: B. S. Jackson, *Modern Research in Jewish Law* 2, Jew. Law Ann. S. 2 (Leiden, 1980), 124-146.
D. Conrad, *Studien zum Altargesetz Ex 20, 24-26,* Diss. theol. (Marburg, 1968).

D. Daube, *Studies in Biblical Law* (Cambridge, 1947).
——, ,,Direct and Indirect Causation in Biblical Law", *VT* 11 (1961), 246-269.
——, *Ancient Jewish Law. Three Inaugural Lectures* (Leiden, 1981).
R. C. Dentan, ,,The Literary Affinities of Exodus XXXIV 6f.", *VT* 13 (1963), 34-51.
A. S. Diamond, *Primitive Law* (London, 1935).
——, *The Evolution of Law and Order* (London, 1951).
——, ,,An Eye for an Eye", *Iraq* 19 (1957), 151-155.
——, *Primitive Law. Past and Present* (London, ³1971).
C. Dohmen, *Das Bilderverbot. Seine Entstehung und seine Entwicklung im Alten Testament*, BBB 62 (Köln, ²1985).
A. E. Draffkorn, ,,Ilāni/Elohim", *JBL* 76 (1957), 216-224.
B. R. Driver/J. C. Miles, *The Babylonian Laws* Bd. 1 (Oxford, ²1956).
K. Eder, ,,Zur Rationalisierungsproblematik des modernen Rechts", *Soziale Welt* 29 (1978), 247-256.
——, *Die Entstehung staatlich organisierter Gesellschaften. Ein Beitrag zu einer Theorie sozialer Evolution* (Frankfurt/M., 1976).
D. O. Edzard, ,,'Soziale Reformen' im Zweistromland bis ca. 1600 v.Chr.: Realität oder literarischer Topos?", in: J. Harmatta u.a. (Hg.), *Wirtschaft und Gesellschaft im Alten Vorderasien* (Budapest, 1976), 145-155.
H.-J. Fabry, ,,dāl", *ThWAT* 2 (1977), 221-244.
C. W. Falk, ,,Werte und Ziele im jüdischen Recht", in: W. Fikentscher u.a., *Entstehung und Wandel rechtlicher Traditionen* (Freiburg/München, 1980), 355-373.
F. C. Fensham, ,,Widow, Orphan and the Poor in Ancient Near Eastern Legal and Wisdom Literature", *JNES* 21 (1962), 129-139.
——, *Exodus*, De Prediking van het Oude Testament 3 (Nijkerk, 1970).
——, ,,Transgression and Penalty in the Book of the Covenant", *JNWSL* 5 (1977), 23-41.
W. Fikentscher, *Methoden des Rechts in vergleichender Darstellung*, Bd. 1, (Tübingen, 1975).
——, ,,Synepëik und eine synepëische Definition des Rechts", in: Ders. u.a. (Hg.), *Entstehung und Wandel rechtlicher Traditionen* (Freiburg/München, 1980), 53-120.
J. J. Finkelstein, ,,Ammiṣaduqa's Edict and the Babylonian 'Law Codes'", *JCS* 15 (1961), 91-104.
——, ,,The Goring Ox. Some Historical Perspectives on Deodands, Forfeitures, Wrongful Death and the Western Notion of Sovereignty", *Temple Law Quat.* 46 (1973), 169-290.
——, ,,The Ox that Gored", *TAPhS* 71 (1981), 1-89.
T. Frymer-Kensky, ,,Tit for Tat: The Principle of Equal Retribution in Near Eastern and Biblical Law", *BA* 43 (1980), 230-234.
A. Gamper, *Gott als Richter in Mesopotamien und im Alten Testament* (Innsbruck, 1966).
E. Gerner, *Zur Unterscheidbarkeit von Zivil- und Straftatbeständen im attischen Recht*, Diss. iur. (München, 1934).
E. S. Gerstenberger, *Wesen und Herkunft des apodiktischen Rechts*, WMANT 20, (Neukirchen, 1965).
H. W. Gilmer, *The If-You Form in Israelite Law*, SBLDS 15 (Missoula, 1975).
H. Goerlich, *Wertordnung und Grundgesetz. Kritik einer Argumentationsfigur des Bundesverfassungsgerichts* (Baden-Baden, 1973).
R. M. Good, *The Sheep of His Pasture. A Study of the Hebrew Noun ʿAm(m) and its Semitic Cognates*, HSM 29 (Cambridge Mass., 1983).
E. Gräf, *Das Rechtswesen der heutigen Beduinen* (Walldorf, 1952).
J. Gray, ,,Social Aspects of Canaanite Religion", *VT S.* 15 (Leiden, 1966), 170-192.
M. Greenberg, ,,Some Postulates of Biblical Criminal Law", in: M. Haran (Hg.), *Yehezkel Kaufmann Jubilee Volume* (Jerusalem, 1960), 5-28.
A. H. J. Gunneweg, *Vom Verstehen des Alten Testaments. Eine Hermeneutik*, ATD Erg. R. 5 (Göttingen, 1977).
R. Haase. Die *keilschriftlichen Rechtssammlungen in deutscher Übersetzung* (Wiesbaden, 1963).
——, *Einführung in das Studium keilschriftlicher Rechtsquellen* (Wiesbaden, 1965).

J. Habermas, *Theorie des kommunikativen Handelns*, Bd. 1 (Frankfurt/M., 1981).
J. Halbe, *Das Privilegrecht Jahwes Ex 34, 10-26. Gestalt und Wesen, Herkunft und Wirken in vordeuteronomischer Zeit*, FRLANT 114 (Göttingen, 1975).
——, ,,'Gemeinschaft, die Welt unterbricht'. Grundfragen und -inhalte deuteronomischer Theologie und Überlieferungsbildung im Lichte der Ursprungsbedingungen alttestamentlichen Rechts'', in: N. Lohfink (Hg.), *Das Deuteronomium. Entstehung, Gestalt und Botschaft*, BEThL 68 (Leuven, 1985), 53-75.
P. D. Hanson, ,,The Theological Significance of Contradiction within the Book of the Covenant'' in: G. W. Coats/B. O. Long (Hg.), *Canon and Authority* (Philadelphia, 1977), 110-131.
M. Heckel, ,,Das Säkularisierungsproblem in der Entwicklung des deutschen Staatskirchenrechts'', in: G. Dilcher/J. Staff (Hg.), *Christentum und modernes Recht. Beiträge zum Problem der Säkularisierung*, stw 421 (Frankfurt/M., 1984), 35-95.
J. Hejcl, *Das alttestamentliche Zinsverbot im Lichte der ethnologischen Jurisprudenz sowie des altorientalischen Zinswesens*, BSt[F] 12/4 (Freiburg, 1907).
J. Heller, *Gesammelte Schriften*, Bd. 2.3 (Leiden, 1971).
M. Heltzer, *The Rural Community in Ancient Ugarit* (Wiesbaden, 1976).
J. Hempel, *Das Ethos des Alten Testaments*, BZAW 67 (Berlin, ²1967).
F. Hilterhaus, *Zum Rechtsbegriff in der Soziologie Max Webers*, Diss. iur. (Köln, 1965).
E. Hoebel, *Das Recht der primitiven Völker* (Olten, 1968).
J. Holzinger, *Exodus*, KHC II (Tübingen, 1900).
F.-L. Hoßfeld, *Der Dekalog. Seine späten Fassungen, die originale Komposition und seine Vorstufen*, OBO 45 (Freiburg/Schw., 1982).
——, ,,Einheit und Einzigkeit Gottes im frühen Jahwismus'', in: M. Böhnke u.a. (Hg.), *Im Gespräch mit dem dreieinigen Gott. Elemente einer trinitarischen Theologie. Festschrift zum 65. Geburtstag von W. Breuning* (Düsseldorf, 1985), 57-74.
Y. Ishida, ,,Gesetz und Evangelium II. Ethisch'', *TRE* 13 (1984), 142-147.
B. S. Jackson, *The Theft in Early Jewish Law* (Oxford, 1972).
——, *Essays in Jewish and Comparative Legal History*, SJLA 10 (Leiden, 1975).
——, ,,The Problem of Exod. XXI 22-5. IUS TALIONIS'', *VT* 25 (1975), 273-304.
——, ,,The Ceremonial and the Judicial: Biblical Law as Sign and Symbol'', *JSOT* 30 (1984), 25-50.
B. Janowski, *Sühne als Heilsgeschehen. Studien zur Sühnetheologie der Priesterschrift und zur Wurzel KPR im Alten Orient und im Alten Testament*, WMANT 55 (Neukirchen, 1982).
A. Jepsen, *Untersuchungen zum Bundesbuch*, BWANT 41 (Stuttgart, 1927).
——, ,,Die 'Hebräer' und ihr Recht'', *AfO* 15 (1945-51), 55-68.
J. Jeremias, *Kultprophetie und Gerichtsverkündigung in der späten Königszeit Israels*, WMANT 35 (Neukirchen, 1970).
H.-W. Jüngling, ,,'Auge für Auge, Zahn für Zahn'. Bemerkungen zu Sinn und Geltung der alttestamentlichen Talionsformeln'', *ThPh* 59 (1984), 1-38.
O. Kaiser, ,,Den Erstgeborenen deiner Söhne sollst du mir geben. Erwägungen zum Kinderopfer im Alten Testament'', in: Ders., *Von der Gegenwartsbedeutung des Alten Testaments. Gesammelte Studien* (Göttingen, 1984), 142-166.
S. A. Kaufman, ,,A Reconstruction of the Social Welfare System of Ancient Israel'', in: W. B. Barrick/J. R. Spencer (Hg.), *In the Shelter of Elyon. FS G. W. Ahlström*, JSOT S. 31 (Sheffield, 1984), 277-303.
——, ,,Deuteronomy 15'', in: N. Lohfink (Hg.), *Das Deuteronomium. Entstehung, Gestalt und Botschaft*, BEThL 68 (Leuven, 1985), 273-276.
O. Keel, ,,Zeichen der Verbundenheit. Zur Vorgeschichte und Bedeutung der Forderung von Deuteronomium 6, 8f. und par.'', in: P. Casetti u.a. (Hg.), *Mélanges Dominique Barthélemy*, OBO 38 (Freiburg/Schw., 1981), 157-240.
E. Kellenberg, *ḥäsäd wä'ᵉmät als Ausdruck einer Glaubenserfahrung*, AThANT 69 (Zürich, 1982)
W. Kerber, ,,Positives Recht versus Naturrecht?'' in: Hertz u.a. (Hg.), *Handbuch der christlichen Ethik*, Bd. 2 (Freiburg, ²1979), 300-312.
R. Kilian, *Literarkritische und formgeschichtliche Untersuchung des Heiligkeitsgesetzes*, BBB 19 (Köln, 1983).

H. Klengel, *Hammurapi von Babylonien und seine Zeit* (Berlin, 1976).
J. Klíma, ,,Einige Bermerkungen zur Bedeutung der 'nichtjuridischen' Bestandteile der altbabylonischen Gesetzeswerke'', *JJP* 5 (1951), 161-186.
——, ,,Die juristischen Gegebenheiten in den Prologen und Epilogen der mesopotamischen Gesetzeswerke'', in: H. van Voss u.a. (Hg.), *Travels in the World of the Old Testament. FS M. A. Beek* (Assen, 1974), 146-169.
——, ,,La perspective historique des lois hammourabiennes'', *CRAI* (Paris, 1977), 297-317.
E. Klingenberg, *Das israelitische Zinsverbot in Torah, Mišnah und Talmud*, AAWLM.G 1976/77 (Wiesbaden, 1977).
M. A. Klopfenstein, ,,*šqr*'', *ThHAT* 2 (1976), 1010-1019.
R. Knierim, ,,Exodus 18 und die Neuordnung der mosaischen Gerichtsbarkeit'', *ZAW* 73 (1961), 146-171.
——, *Die Hauptbegriffe für Sünde im Alten Testament* (Gütersloh, 1965).
K. Koch, ,,Die Entstehung der sozialen Kritik bei den Profeten'', in: H. W. Wolff (Hg.), *Probleme biblischer Theologie. FS G. v. Rad* (München, 1971), 236-257.
——, ,,Der Spruch 'Sein Blut bleibe auf seinem Haupt' und die israelitische Auffassung vom vergossenen Blut'', in: Ders. (Hg.), *Um das Prinzip der Vergeltung in Religion und Recht des Alten Testaments*, WdF 125 (Darmstadt, 1972), 432-456.
——, ,,Gesetz I. Altes Testament'', *TRE* 13 (1984), 40-52.
V. Korošec, *Keilschriftrecht*, HO I Erg. Bd. 3 (Leiden, 1964), 49-219.
P. Koschaker, *Rechtsvergleichende Studien zur Gesetzgebung Ḫammurapis, Königs von Babylon* (Leipzig, 1917).
T. Krapf, ,,Traditionsgeschichtliches zum deuteronomischen Fremdling-Waise-Witwe-Gebot'', *VT* 34 (1984), 87-91.
F. R. Kraus, *Ein Edikt des Königs Ammi-ṣaduqa von Babylonien*, SDIO 5 (Leiden, 1958).
——, ,,Ein zentrales Thema des altmesopotamischen Rechtes: Was ist der Codex Hammu-rabi?'', *Genava* NS. 8 (1960), 283-296.
S. Lach, ,,Le sens de l'attribut de Dieu *ḥannun* à la lumière des Psaumes'', *FolOr* 21 (1980), 93-102.
W. E. Lambert, ,,Nebuchadnezzar, King of Justice'', *Iraq* 27 (1965), 1-11.
B. Lang, ,,The Social Organization of Peasant Poverty in Biblical Israel'', *JSOT* 24 (1982), 47-63.
——, ,,Persönlicher Gott und Ortsgott. Über Elementarformen der Frömmigkeit im Alten Israel'', in: M. Görg (Hg.), *Fontes atque Pontes. FS H. Brunner*, ÄAT 5 (Wiesbaden, 1983), 271-301.
J. G. Lautner, *Die richterliche Entscheidung und die Streitbeendigung im altbabylonischen Prozeßrecht*, LRWS 3 (Leipzig, 1922).
N. P. Lemche, ,,The 'Hebrew' Slave'', *VT* 25 (1975), 129-144.
——, ,,On Sociology and the History of Israel. A Reply to Eckhardt Otto and some Further Considerations'', *BN* 21 (1983), 48-58.
——, ,,The Hebrew and the Seven Year Cycle'', *BN* 25 (1984), 65-75.
C. Levin, ,,Der Dekalog am Sinai'', *VT* 35 (1985), 165-191.
I. Lewy, ,,Dating of Covenant Code Sections on Humanness and Righteousness (Ex XXII 20-26; XXIII 1-9)'', *VT* 7 (1957), 322-326.
G. Liedke, *Gestalt und Bezeichnung alttestamentlicher Rechtssätze*, WMANT 39 (Neukirchen, 1971).
C. Locher, *Die Ehre einer Frau in Israel. Exegetische und rechtsvergleichende Studien zu Deuteronomium 22, 13-21*, OBO 70 (Freiburg/Schw., 1986).
N. Lohfink, ,,*ḥāram/ḥaeraem*'', *ThWAT* 3 (1982), 192-213.
O. Loretz, ,,Vom kanaanäischen Totenkult zur jüdischen Patriarchen- und Elternehrung. Historische und tiefenpsychologische Grundprobleme der Entstehung des biblischen Geschichtsbildes und der jüdischen Ethik''. *JARG* 3 (1978), 149-204.
——, *Habiru-Hebräer. Eine sozio-linguistische Studie über die Herkunft des Gentiliziums ʿibrî vom Appellativum ḫabiru*, BZAW 160 (Berlin, 1984).
N. Luhmann, *Legitimation durch Verfahren* (Neuwied, 1969).

——, ,,Soziologie als Theorie sozialer Systeme", in: Ders., *Soziologische Aufklärung* (Opladen, 1970), 113-116.
——, *Rechtssoziologie*, Bd. 1 (Rheinbek, 1972).
——, ,,Interpenetration bei Parsons", *ZfS* 7 (1978), 299-302.
——, *Ausdifferenzierung des Rechts. Beiträge zur Rechtssoziologie und Rechtstheorie* (Frankfurt/M, 1981).
V. Maag, ,,Unsühnbare Schuld", in: Ders., *Kultur, Kulturkontakt und Religion. Ges. Studien zur allgemeinen und alttestamentlichen Religionsgeschichte* (Göttingen, 1980), 234-255.
——, ,,Kosmos, Chaos, Gesellschaft und Recht nach archaisch-religiösem Verständnis", in: Ders., *Kultur, Kulturkontakt und Religion. Ges. Studien zur allgemeinen und alttestamentlichen Religionsgeschichte* (Göttingen, 1980), 329-341.
G. C. Macholz, ,,Die Stellung des Königs in der israelitischen Gerichtsverfassung", *ZAW* 84 (1972), 157-182.
——, ,,Zur Geschichte der Justizorganisation in Juda", *ZAW* 84 (1972), 314-340.
R. A. F. Mackenzie, ,,The Formal Aspect of Ancient Eastern Law", *The Seed of Wisdom. FS T. J. Meek* (Toronto, 1964), 31-44.
W. Maihofer, *Naturrecht oder Rechtspositivismus?* (Frankfurt/M., ²1972).
H. S. Maine, *Ancient Law. Its Connection with the Early History of Society and its Relation to Modern Ideas* (London, ¹1861; ¹⁰1906).
B. Malinowski, *Crime and Custom in Savage Society* (London, ²1959).
F. Mathys ,,Sabbatruhe und Sabbatfest", *ThZ* 28 (1972), 241-262.
D. J. McCarthy, *Treaty and Covenant. A Study in Form in the Ancient Oriental Documents and in the Old Testament,* AnBib 21 (Rom, ²1978).
J. W. McKay, ,,Exodus XXIII 1-3. 6-8: A Decalogue for the Administration of Justice in the City Gate", *VT* 21 (1971), 311-325.
A. Menes, *Die vorexilischen Gesetze Israels im Zusammenhang seiner kulturgeschichtlichen Entwicklung,* BZAW 50 (Giessen, 1928).
R. P. Merendino, *Das deuteronomische Gesetz. Eine literarkritische, gattungs- und überlieferungsgeschichtliche Untersuchung zu Dt 12-26,* BBB 31 (Köln, 1969).
T. N. Mettinger, *The Dethronement of Sabaoth. Studies in the Shem and Kabod Theologies,* CB.OT.S 18 (Lund, 1982).
M. Metzger, ,,Arbeiten im Bereich des 'spätbronzezeitlichen' Heiligtums", in: R. Hachmann (Hg.), *Bericht über die Ergebnisse der Ausgrabungen in Kāmid el-Lōz in den Jahren 1971 bis 1974,* Saarbr. Beitr. zur Altertumskunde 32 (Bonn, 1982), 17-35.
——, ,,Probleme der Frühgeschichte Israels", *VF* 22 (1977), 30-43.
J. Milgrom, ,,Sancta Contagion and Altar/City Asylum", *Congress Vol. Wien 1980,* VT S. 32 (Leiden, 1981), 278-310.
S. Mittmann, *Deuteronomium 1,1-6,3 literarkritisch und traditionsgeschichtlich untersucht,* BZAW 139 (Berlin, 1975).
S. F. Moore, *Law as Process. An Anthropological Approach* (London, 1978).
M. Mühl, *Untersuchungen zur altorientalischen und althellenischen Gesetzgebung,* KlioBeih. 29 (Berlin, 1933).
F. Müller, *Die Einheit der Verfassung. Elemente einer Verfassungstheorie,* Bd. 3 (Berlin, 1979).
H. P. Müller, ,,Religionsgeschichtliche Beobachtungen zu den Texten von Ebla", *ZDPV* 96 (1980), 1-19.
R. Münch, ,,Über Parsons zu Weber: Von der Theorie der Rationalisierung zur Theorie der Interpenetration", *ZfS* 9 (1980), 18-53.
E. Neufeld, ,,The Prohibitions against Loans at Interest in Ancient Hebrew Laws", *HUCA* 26 (1955), 355-412.
N. Negretti, *Il settimo giorno,* AnBib 55 (Rom, 1973).
F.-W. Nicholson, ,,The Covenant Ritual in Exodus XXIV 3-8", *VT* 32 (1982), 74-86.
M. S. San Nicolò, *Beiträge zur Rechtsgeschichte im Bereich der keilschriftlichen Rechtsquellen* (Oslo, 1931).
M. Noth, ,,Die Gesetze im Pentateuch. Ihre Voraussetzungen und ihr Sinn", in: Ders., *Ges. Stud. zum AT,* ThB 6 (München, ³1966), 9-141.
——, *Das zweite Buch Mose. Exodus,* ATD 5 (Göttingen, 1968).

P. H. Nowell-Smith, ,,Religion and Morality", in: *The Encyclopedia of Philosophy* 7 (1967), 150-158.
E. Otto, ,,Die Applikation als Problem der politischen Hermeneutik", *ZThK* 71 (1974), 145-180.
——, *Das Mazzotfest in Gilgal,* BWANT 107 (Stuttgart, 1975).
——, ,,Erwägungen zu den Prolegomena einer Theologie des Alten Testaments", *KAIROS* 19 (1977), 53-72.
——, ,,Zur Stellung der Frau in den ältesten Rechtstexten des Alten Testaments (Exodus 20, 14; 22, 15f.)", *ZEE* 26 (1982), 279-305.
——, ,,Hat Max Webers Religionssoziologie des antiken Judentums Bedeutung für eine Theologie des Alten Testaments?", *ZAW* 94 (1982), 187-203.
——, ,,Feste und Feiertage II. Altes Testament", *TRE* 11 (1983), 96-106.
——, ,,'IMPLETA EST HAEC SCRIPTURA'. Erwägungen zum Problem einer christologischen Interpretation des Alten Testaments im Anschluß an Traugott Kochs Christologie-Kritik", in: K.-M. Kodalle (Hg.), *Die Gegenwart des Absoluten. Philosophisch-theologische Diskurse zur Christologie* (Gütersloh, 1984), 156-162.
——, ,,Schöpfung als Kategorie der Vermittlung von Gott und Welt in Biblischer Theologie. Die Theologie alttestamentlicher Schöpfungsüberlieferungen im Horizont der Christologie", in: H.-G. Geyer u.a. (Hg.), *,, Wenn nicht jetzt, wann dann?". FS H.-J. Kraus* (Neukirchen, 1984), 53-67.
——, ,,Wahrheit im Widerspruch. Von der Aktualität der Dialektik in Luthers Denken", in: *Wirkungen Martin Luthers im Norden* (Kiel, 1984), 42-45.
——, ,,Historisches Geschehen — Überlieferung — Erklärungsmodell. Sozialhistorische Grundsatz- und Einzelprobleme in der Geschichtsschreibung des frühen Israel — Eine Antwort auf N. P. Lemches Beitrag zur Diskussion um eine Sozialgeschichte Israels", *BN* 23 (1984), 63-80.
——, ,,Die Theologie des Buches Habakuk", *VT* 35 (1985), 274-295.
——, ,,Habakuk/Habakukbuch", *TRE* 14 (1985), 300-306.
——, ,,Gibt es Zusammenhänge zwischen Bevölkerungswachstum, Staatsbildung und Kulturentwicklung im eisenzeitlichen Israel?", in: O. Kraus (Hg.), *Regulation, Manipulation und Explosion der Bevölkerungsdichte,* Veröffentlichung der Joachim Jungius-Gesellschaft 55 (Göttingen, 1986), 73-87.
——, ,,Kultus und Ethos in Jerusalemer Theologie. Ein Beitrag zur theologischen Begründung der Ethik im Alten Testament", *ZAW* 98 (1986), 161-179.
——, ,,Sozial- und rechtshistorische Aspekte in der Ausdifferenzierung eines altisraelitischen Ethos aus dem Recht", *Osnabrücker Hochschulschr. (FB 3)* 9 (1987), 135-161.
——, ,,ʿir", *ThWAT* 6 (1987), 55-74.
W. Pannenberg, ,,Christliche Rechtsbegründung", in: A. Hertz u.a. (Hg.), *Handbuch der christlichen Ethik,* Bd. 2 (Freiburg, ²1979), 323-338.
D. Patrick, ,,Casuistic Law Governing Primary Rights and Duties", *JBL* 92 (1973), 180-184.
S. M. Paul, *Studies in the Book of the Covenant in the Light of Cuneiform and Biblical Law,* VT S. 18 (Leiden, 1970).
L. Perlitt, *Bundestheologie im Alten Testament,* WMANT 36 (Neukirchen, 1969).
——, ,,'Ein einzig Volk von Brüdern'. Zur deuteronomischen Herkunft der biblischen Bezeichnung 'Bruder'", in: D. Lührmann/G. Strecker (Hg.), *Kirche. FS G. Bornkamm* (Tübingen, 1980), 27-52.
H. Petschow, *Neubabylonisches Pfandrecht,* ASAW.PH 48/1 (Leipzig, 1956).
——, ,,Zur Systematik und Gesetzestechnik im Codex Hammurabi", *ZA* 57 (1965), 146-172.
——, ,,Zur 'Systematik' in den Gesetzen von Eschnunna", in: *Symbolae juridicae et historicae M. David dedicatae,* Jura Orientis Antiqui 2 (Leiden, 1968), 131-143.
——, ,,Die §§ 45 und 46 des Codex Ḥammurapi. Ein Beitrag zum altbabylonischen Bodenpachtrecht und zum Problem: Was ist der Codex Ḥammurapi?". *ZA* 74 (1984), 181-212.
R. H. Pfeiffer, ,,The Transmission of the Book of the Covenant", *HThR* 24 (1931), 99-109.

A. Phillips, *Ancient Israel's Criminal Law. A New Approach to the Decalogue* (Oxford, 1970).
——, ,,Another Look at Murder'', *JSS* 28 (1978), 105-126.
——, ,,The Decalogue-Ancient Israel's Criminal Law'', *JJS* 34 (1983), 1-20.
——, ,,The Laws of Slavery: Exodus 21,2-11'', *JSOT* 30 (1984), 51-66.
J. P. M. van der Ploeg, ,,Slavery in the Old Testament'', VT S. 22 (Leiden, 1972), 72-87.
J. R Porter, *The Extended Family in the Old Testament* (London, 1967).
L. Pospíšil, ,,Legal Levels and Multiplicity of Legal Systems in Human Societies'', *Journ. of Conflict Resolution* 11 (1967), 2-25.
——, *Anthropology of Law. A Comparative Theory* (New York, 1971 = dt. Ausg. München, 1982).
E. Possoz, ,,Die Begründung des Rechts im Klan'', in: K. Bünger/H. Trimborn, *Religiöse Bindungen in frühen und in orientalischen Rechten* (Wiesbaden, 1952), 18-23.
W. Preiser, ,,Zur rechtlichen Natur der altorientalischen 'Gesetze''', in: P. Bockelmann u.a. (Hg.), *Festschrift für Karl Engisch* (Frankfurt/M, 1969), 17-36.
——, ,,Vergeltung und Sühne im altisraelitischen Strafrecht'', in: K. Koch (Hg.), *Um das Prinzip der Vergeltung in Religion und Recht des Alten Testaments,* WdF 124 (Darmstadt, 1972), 236-277.
H. D. Preuss, *Deuteronomium,* EdF 164 (Darmstadt, 1982).
B. Rehfeldt/M. Rehbinder, *Einführung in die Rechtswissenschaft* (Berlin, ⁴1978).
J. Reindl, ,,*lāḥaṣ''*, *ThWAT* 4 (1984), 547-552.
J. Renger, ,,Hammurapis Stele 'König der Gerechtigkeit'. Zur Frage von Recht und Gesetz in der altbabylonischen Zeit'', *WO* 8 (1976), 228-235.
W. Richter, *Recht und Ethos. Versuch einer Ortung des weisheitlichen Mahnspruchs,* StANT 15 (München, 1966).
G. Ries, *Prolog und Epilog in Gesetzen des Altertums,* MBPF 76 (München, 1983).
H. Ringgren, ,,*bāᶜar/baᶜîr''*, *ThWAT* 1 (1973), 727-731.
O. Ritschl, *System und systematische Methode in der Geschichte des wissenschaftlichen Sprachgebrauchs und der philosophischen Methodologie* (Bonn, 1906).
G. Robinson, *The Origin and Development of the Old Testament Sabbath,* Diss. theol. (Hamburg, 1975).
M. Rose, *Der Ausschließlichkeitsanspruch Jahwes,* BWANT 106 (Stuttgart, 1975).
L. Rost, ,,Das Bundesbuch'', *ZAW* 77 (1965), 255-259.
J. Salmon, *Judicial Authority in Early Israel: An Historical Investigation of Old Testament Institutions,* Th.D.Diss. Princeton 1968, (Ann Arbor, 1969).
J. Scharbert, ,,Bēyt ʾāb als soziologische Größe im Alten Testament'', in: W. C. Delsman u.a. (Hg.), *Von Kanaan bis Kerala. FS van der Ploeg,* AOAT 211 (Kevelaer, 1982), 213-237.
——, ,,Jahwe im frühisraelitischen Recht'', in: E. Haag (Hg.), *Gott, der Einzige. Zur Entstehung des Monotheismus in Israel,* QD 104 (Freiburg, 1985), 160-183.
W. Schilling, *Religion und Recht* (Stuttgart, 1957).
W. Schluchter, *Die Entwicklung des okzidentalen Rationalismus. Eine Analyse von Max Webers Gesellschaftsgeschichte* (Tübingen, 1979).
——, ,,Altisraelitische religiöse Ethik und okzidentaler Rationalismus'', in: Ders. (Hg.), *Max Webers Studie über das antike Judentum,* stw 340 (Frankfurt/M., 1981), 11-77.
W. Schottroff, ,,*zkr''*, *ThHAT* 1 (1971), 507-518.
——, ,,Zum alttestamentlichen Recht'', *VF* 22 (1977), 3-29.
W. H. Schmidt, *Königtum Gottes in Ugarit und Israel,* BZAW 80 (Berlin, ²1966).
R. Schnur (Hg.), *Institution und Recht* (Darmstadt, 1968).
H. Schulz, *Das Todesrecht im Alten Testament. Studien zur Rechtsform der Mot-Jumat-Sätze,* BZAW 114 (Berlin, 1969).
K. D. Schunck, ,,Das 9. und 10. Gebot — jüngstes Glied des Dekalogs?'', *ZAW* 96 (1984), 104-109.
F. Schwally, ,,Miscellen. A. Lexicologisches 7. *nqbh* Frau, Weibchen'', *ZAW* 11 (1891), 181-183.

M. Schwantes, *Das Recht der Armen,* BET 4 (Frankfurt/M., 1977).
G. Seitz, *Redaktionsgeschichtliche Studien zum Deuteronomium,* BWANT 93 (Stuttgart, 1971).
G. Sjoberg, *The Preindustrial City* (Glencoe, 1960).
R. Smend (sen.), *Die Erzählung des Hexateuch auf ihre Quellen untersucht* (Berlin, 1912).
R. Smend/U. Luz, *Gesetz. Biblische Konfrontationen,* KTb 1015 (Stuttgart, 1981).
R. Smend, *Die Entstehung des Alten Testaments,* ThW 1 (Stuttgart, ²1981).
W. von Soden, ,,Zum hebräischen Wörterbuch'', in: Ders., *Bibel und Alter Orient,* BZAW 162 (Berlin, 1985), 195-205.
E. A. Speiser, ,,The Stem PLL in Hebrew'', *JBL* 82 (1963), 301-306.
G. Stadler, *Privateigentum in Israel und im Alten Orient, Diss.theol.* (Mainz, 1975).
L. E. Stager, ,,The Archaeology of the Family in Ancient Israel'', *BASOR* 260 (1985), 1-35.
S. Ö. Steingrimsson, *Tor der Gerechtigkeit. Eine literaturwissenschaftliche Untersuchung der sogenannten Einzugsliturgien im AT: Ps 15; 24, 3-5 und Jes 33, 14-16,* ATSAT 22 (St. Ottilien, 1984).
H. J. Stoebe, ,,ḥnn'', *ThHAT* 1 (1971), 587-597.
——, ,,ḥaesaed'', *ThHAT* 1 (1971), 600-621.
J. Stone, *Lehrbuch der Rechtssoziologie,* Bd. 1 (Freiburg, 1976).
G. L. Syambwa, *African Hermeneutics of the Old Testament—A Comparison of Hebrew Law and African Traditional Law, theol. Magisterschrift* (Hamburg, 1983).
W. Thiel, *Die soziale Entwicklung Israels in vorstaatlicher Zeit* (Neukirchen, ²1985).
T. Veijola, *Das Königtum in der Beurteilung der deuteronomistischen Historiographie* (Helsinki, 1977).
J. L. Vesco, ,,Les lois sociales du Livre de l'Alliance'', *RThom* 76 (1968), 241-264.
V. Wagner, ,,Zur Systematik in dem Codex Exodus 21, 2-22, 16'', *ZAW* 81 (1969), 176-182.
——, *Rechtssätze in gebundener Sprache und Rechtssatzreihen in israelitischem Recht,* BZAW 127 (Berlin, 1972).
G. Wanke, ,,Bundesbuch'', *TRE* 7 (1981), 412-415.
M. Weber, *Gesammelte Aufsätze zur Religionssoziologie,* Bd. 3. *Das antike Judentum* (Tübingen, ⁶1976).
——, *Wirtschaft und Gesellschaft. Grundriß der verstehenden Soziologie* (Tübingen, ⁵1972).
P. Weimar, *Die Meerwundererzählung. Eine redaktionskritische Analyse von Ex 13, 17-14, 31,* ÄAT 9 (Wiesbaden, 1985).
J. Weingreen, ,,The Concepts of Retaliation and Compensation in Biblical Law'', *PIA* 76 Sect. C. (Dublin, 1976), 1-11.
J. Weismann, ,,Talion und öffentliche Strafe im mosaischen Rechte'', in: K. Koch (Hg.), *Um das Prinzip der Vergeltung in Religion und Recht des Alten Testaments,* WdF 124 (Darmstadt, 1972), 325-406.
J. Wellhausen, *Prolegomena zur Geschichte Israels* (Berlin, ⁶1905).
——, *Composition des Hexateuch und die historischen Bücher des Alten Testaments* (Berlin, ⁴1963).
M. Welker, ,,Zur Lehre von Gesetz und Evangelium'', *EvKom* 18 (1985), 680-683.
——, ,,Erbarmen und soziale Identität'', *EvKom* 19 (1986), 37-42.
A. Wendel, *Säkularisierung in Israels Kultur,* BChTh.M 32 (Gütersloh, 1934).
R. Westbrook, ,,Biblical and Cuneiform Law Codes'', *RB* 92 (1985), 247-264.
——, ,,Lex talionis and Exodus 21, 22-25'', *RB* 93 (1986), 52-69.
K. W. Whitelam, *The Just King. Monarchical Judicial Authority in Ancient Israel,* JSOT S. 12 (Sheffield, 1979).
R. Wiethölter, ,,Pluralismus und soziale Identität'', in: G. Dilcher/J. Staff, *Christentum und modernes Recht. Beiträge zum Problem der Säkularisierung,* stw 421 (Frankfurt/M., 1984), 379-405.
T. Willi, ,,Die Freiheit Israels. Philologische Notizen zu den Wurzeln *ḥpš,* ʿ*zb* und *drr*'', in: H. Donner u.a. (Hg.), *Beiträge zur alttestamentlichen Theologie. FS W. Zimmerli* (Göttingen, 1977), 531-546.

J. Winckelmann, *Legitimität und Legalität in Max Webers Herrschaftssoziologie* (Tübingen, 1952).
——, ,,Die Herkunft von Max Webers 'Entzauberungs'-Konzeption'', *KZS* 32 (1980), 12-53.
R. Yaron, *The Laws of Eshnunna* (Jerusalem, 1969).
——, ,,The Goring Ox in Near Eastern Laws'', in: H. H. Cohn (Hg.), *Jewish Law in Ancient and Modern Israel* (Jerusalem, 1971), 50-60.
——, ,,Biblical Law: Prolegomena'', in: B. S. Jackson (Hg.), *Jewish Law in Legal History and the Modern World 2,* Jew. Law Ann. S. 2 (Leiden, 1980), 27-42.
E. Zenger, *Israel am Sinai. Analysen und Interpretationen zu Exodus 17-34* (Altenberge, 1982).
W. Zimmerli, ,,Das Wort des göttlichen Selbsterweises (Erweiswort), eine prophetische Gattung'', in: Ders., *Gottes Offenbarung. Gesammelte Aufsätze,* ThB 19 (München, 1963), 120-132.

REGISTER

(in Auswahl — ohne ,,Bundesbuch'' Ex XX 22 — XXIII 13)

A. Biblische Belege

Ex
III 9: 59
XII 1-XVI 35: Anm. 187
XIII 12f. (15b): 46
XVIII 3-6: Anm. 56
XIX 3: Anm. 12; Anm. 16
XIX 3-8: 8
XIX 3b-9: 4.57
XIX 4a: 57
XIX 5f.: 60
XIX 6: 60
XIX 7: Anm. 10
XIX 9: 57
XX 16: 64
XXIII 10-19: 54
XXIII 13(14)-33: 58
XXIII 14-19: 54
XXIII 15-19*: 71—Anm. 178; Anm. 183
XXIII 20-33: 8
XXIV 3-8: 8.58.72
XXVIII 42: 54
XXXII 31*: 5
XXXIV 6: 41 mit Anm. 154—Anm. 148
XXXIV 10-26*: 50.74—Anm. 245
XXXIV 12-26*: 71.77—Anm. 178; Anm. 245
XXXIV 17: 5
XXXIV 18-26: Anm. 183
XXXIV 18-20.22: 50
XXXIV 19f.*: 46.50
XXXIV 21: 50—Anm. 122; Anm. 182

Lev
XVII 15: 6f.
XIX 4: 4
XIX 15: Anm. 168
XIX 15.17: Anm. 32
XIX 34: 5
XXII 8: 60
XXII 27: 45
XXIV 15-21: Anm. 96
XXIV 17-21: 30f.—Anm. 86
XXVI 1a: 4f.

Num
XXXV 16ff.: 20—Anm. 105

Dtn
I 17: Anm. 168
IV: 4f.57f.
IV 44: Anm. 10
V 12-15: 50
VI 9: Anm. 130
VII 25: 5
X 19: 5
XII-XVIII: Anm. 245
XII 4: 5
XIV 21: 6f.60
XV 1-11: 50
XV 12: 35
XV 12-18: Anm. 125
XVI 18: Anm. 55
XIX 2-7.11f.: 33
XIX 11f.: 20
XIX 16ff.: 48
XXI-XXV: Anm. 245
XXI 18-21: 32f.64
XXII 1-4: 8
XXIII 8: 5
XXIII 20f.: 5
XXIV 10f.: 38
XXVI 7b: 6
XXVI 15: Anm. 12
XXXI 10-12: Anm. 186

1 Sam
I 9: 36
VII 4: 5
X 18: 6

2 Sam
III 22: 32
XIV 1ff.: Anm. 152

1 Kön
III 16-28: Anm. 54
VI 7: 54
VIII 43.45: Anm. 12

2 Chron
XIX 4-11: 18

Jes
V 23: 49

Ez
XLIV 31: 60

Am
II 7: 49
V 10.12: 49

Hab
II 6-16*: 49
II 6f.: Anm. 143

Ps
XV: 44 mit Anm. 161; 71
XV 5: 5
XXIV: 44 mit Anm. 161
LXXX 4.12-14: Anm. 151
LXXXII: 40
LXXXVI: 15.41-Anm. 154

B. Außerbiblische Belege

Kodex Lipit ištar
Kol III 2-4: Anm. 86

Kodex Ešnunna
§ 53: Anm. 74
§§ 54; 55: Anm. 96
§ 58: Anm. 96

Kodex Hammurapi
§§ 6; 8; 21: Anm. 71
§§ 42; 53-55; 125; 235-237: 23
§§ 124; 125: 19
§§ 124-126: 23
§§ 196; 197; 200; 209-214: Anm. 86

Mittelassyrischer Kodex
§§ 21; 50-55: Anm. 86
§ 55: Anm. 159